中学语文鲁迅作品教学价值取向研究

张露露　著

团结出版社
UNITY PRESS

图书在版编目（ＣＩＰ）数据

　　中学语文鲁迅作品教学价值取向研究 / 张露露著
. -- 北京 ：团结出版社, 2024.1
　　ISBN 978-7-5234-0417-1

　　Ⅰ. ①中… Ⅱ. ①张… Ⅲ. ①中学语文课－鲁迅著作
－教学研究 Ⅳ. ①G633.302

　　中国国家版本馆 CIP 数据核字(2023)第 174534 号

中学语文鲁迅作品教学价值取向研究

出版发行：团结出版社
（北京市东城区东皇城根南街 84 号）
电　　话：(010)65228880 65244790
网　　址：http://www.tjpress.com
E—ｍａｉｌ：65244790@163.com
经　　销：全国新华书店
印　　刷：武汉鑫佳捷印务有限公司

开　　本：145mm×210mm　　　1/32
印　　张：5.5
字　　数：125 千字
版　　次：2024 年 1 月第 1 版
印　　次：2024 年 1 月第 1 次印刷

书　　号：978-7-5234-0417-1
定　　价：58.80 元

目　录

第一章　引　言

　　鲁迅作品在语文教育界的经典地位和当代价值不容置疑，但是在新课改轰轰烈烈进行了二十余年后的今天，依然有不少教师对中学语文鲁迅作品的教学价值取向存在困惑，不知道面对"鲁迅"该如何选择。所以，本研究结合鲁迅作品教学价值取向的历史发展、现实问题以及课例分析，从语文学科核心素养的角度，重新思考和定位中学语文鲁迅作品的教学价值取向，旨在为当下鲁迅作品的教学实践提供一定的借鉴和启发，从而推动实现鲁迅作品现实价值的传承与发展。本研究的主体部分在第二章至第六章。

　　第二章：从中华人民共和国成立到新课改十年，这六十年间鲁迅作品在中学语文教材中的编选呈现出先增后减、再增又减的变化趋势，其教学价值取向也经历了从思想政治教育价值、到阶级斗争工具价值、到语文能力训练价值，再到人文素养培养价值的变迁；

　　第三章：新课改十年后中学语文教材对包括鲁迅多篇文章在内的传统篇目的调整，引发了社会各界对"鲁迅大撤退"的热议；近两年全国统一实行的部编版中学语文教材中鲁迅选文的减少，又引起了学术界、教育界的广泛关注和讨论。该现象反映出在时代转型、历史隔膜、教育环境、作品本身等多种因素的影响下，人们思想的多元化导致了鲁迅作品教学价值取向的多元化。究竟该如何在课堂教学中发挥出鲁迅作品的最大价值，让中学生受益匪浅，还需要语文教师们的不断探索。

第四章：通过比较研究《藤野先生》《孔乙己》《拿来主义》三篇不同文体的经典篇目在新课改之后的教参解读和教学课例，提取出了鲁迅作品教学价值取向的三个共性追求：还原鲁迅的"人间形象"；探寻鲁迅的语言魅力；触摸鲁迅的思想高度。

第五章：要使鲁迅作品的经典价值焕发新的活力，教育界迫切需要结合时代的发展对中学语文鲁迅作品的教学价值取向进行系统重塑。本研究基于新课程标准中"语文学科核心素养"的角度，从语言运用、思维发展、审美体验、文化教育四个层面为鲁迅作品教学价值取向的重塑提供了一定的理论支撑和实践依据。

第六章：结合研究启示，对中学语文鲁迅作品教学提出了可行性建议：在文本解读上，要广泛阅读、紧跟鲁迅研究学术前沿，深入研读，挖掘"投枪匕首"思想内涵，多元解读、合理建构鲁迅作品文本意义；在教学内容上，注重学生的可接受性和突出作品本身的文学性；在教学方法上，灵活运用创设情境、比较阅读、对话教学、联系生活、研学活动等方式方法，帮助学生从"走近"到"走进"鲁迅。

第一节　研究缘起

鲁迅作为现代民族文化的开创者和奠基人，他的散文、小说、杂文、诗歌等文学作品在新文化运动中独树一帜，为我国新文学的发展做出了不可磨灭的成就和贡献。鲁迅的创作成果，不仅丰实了我国的文学宝库，为国人留下了宝贵的精神财富，而且其思想深度具有超越时代的意义，至今还发挥着它们的现实价值和启蒙作用。也正因为此，鲁迅作品的育人价值在语文教育领域得到了应有的重视，半个世纪以来鲁迅作品在中学语文教材中所占的比例为古今中外作家之首，中学鲁迅作品教学已然成为绝大多数人认识鲁迅、走近鲁迅的首要渠道。

尽管鲁迅作品的传世价值和崇高地位不容置疑，但是自入选语文教材以来，一度被打上"政治化""神化""标签化""概念化"的烙印，招致了不少师生的抗拒和畏惧心理，也导致鲁迅作品在中学语文教学中处境尴尬且微词颇多。许多教师认为鲁迅作品难教，许多学生认为鲁迅作品难学、难懂，不少师生对鲁迅作品的解读始终游离于作品的真正内涵之外。新课改之后，教育从注重传道授业转向重视指导生活、培养兴趣，教师的教学内容和教学方法也逐渐偏向生活化和趣味性，这导致中学语文教材中传统篇目的数量调整与教学改革迫在眉睫，尤其是以鲁迅作品为主。随着全国统一实行部编版中学语文教材之后鲁迅选文的变化，引发了社会各界对鲁迅作品教学问题的大争论。在这样的背景下，如何正确认识和把握鲁迅作品的教学价值，如何在教学实践中遵循正确的价值取向，让学生能够主动地从"走近鲁迅"到"走进鲁迅"，使中学语文鲁迅作品教学焕发出新的光彩，已经不仅仅是语文教育界不容忽视的问题，更是有关民族思想文化传承的历史责任。

要使鲁迅作品的当代价值焕发新的活力，语文教育界迫切需要结合时代发展对鲁迅作品的教学价值取向进行重新定位：明确鲁迅作品的教学价值取向可以从哪几个方面切入，如何在教学过程中一一予以展现，进而实现什么样的学生培养目标。随着语文课程改革的持续深入，"学科核心素养"作为一个崭新的概念不断被人们提及。我们可以以此为抓手，从语言、思维、审美、文化四个层面重新思考和定位中学语文鲁迅作品的教学价值取向，并且在教学实践上给予教师一定的启发和建议。

基于上述背景，本研究拟从历史的回顾与现实的分析两个方面出发，透视中学语文鲁迅作品教学价值取向的变迁及发展，并且结合经典篇目的教参解读和课例比较，从"语文学科核心素养"的角度重新思考当下鲁迅作品的教学价值取向，探究其在文本解读、教学内容、教学方法三个方面对中学语文鲁迅作品教学的启示。

第二节　研究意义

一、理论意义

教师是教学行为的主要实施者，教师的教学价值取向直接左右着教师的教学行为，影响着教学内容、教学方法、评价方式等方方面面的教学问题。然而在当下的中学鲁迅作品教学实践中却存在着教学价值缺位、教学价值取向不明等现象，许多教师在解读和设计鲁迅作品教学时缺乏教学价值取向的理论支撑。因此，本研究以新课程标准中的"语文学科核心素养"为理论切入点，启发语文教师从语言、思维、审美、文化四个层面对鲁迅作品教学价值取向进行深入思考与重新定位。这不仅帮助语文教师在进行文本解读与教学设计时树立正确的价值认知，还有利于教师在教学实施过程中促成基本的价值生成和价值实现。

二、现实意义

钱理群先生曾说："鲁迅的真正理解者将在当代中国的先进青年中产生。"[①] 对于中学生而言，课堂学习是他们走近鲁迅、触摸鲁迅的首要途径。正确汲取鲁迅作品中的精神内涵和文化力量，将对中学生人生观、世界观和价值观的形成产生不可估量的影响，会使他们受益匪浅。所以，对鲁迅作品教学价值取向的追根溯源和深入研究，可以让语文教师进一步明确如何在新时代的大环境、大背景下把握鲁迅作品的现实价值，充分发挥鲁迅作品在中学语文教学中应有的教育作用，从而打开学生接受鲁迅的窗口，使学生能够真正地走进鲁迅、读懂鲁迅，促进学生语文核心素养的和谐发展和中华民族优秀思想文化的历史传承。

第三节　文献综述

本研究通过 CNKI 文献高级检索的方法，对"中学语文""鲁迅作品""教学""价值取向"分别进行了组合检索：对"中学语文 + 鲁迅作品 + 教学 + 价值取向"四个关键词进行篇名和主题检索，检索到 10 条相关文献，其中 8 条是教育学领域的硕士论文；对"中学语文 + 鲁迅作品 + 教学"三个关键词进行篇名和主题检索，检索到 346 条文献，主要是对新课改前后鲁迅作品教材编选及教学策略

---

① 　钱理群 . 部分当代青年眼里的鲁迅 [J]. 鲁迅研究月刊 ,1988(8):46-54.

的研究；对"鲁迅作品＋价值"两个关键词进行篇名和主题检索，检索到158条文献，其中一半是语文教育领域研究鲁迅作品现实教学价值的期刊和硕士论文，还有一半是从现当代文学领域进行研究的文献。通过对以上检索到的文献进行分析汇总，本研究发现鲁迅作品在中学语文教学领域的研究主要涉及以下两个方面：

一、鲁迅作品教学研究

研究中学语文鲁迅作品教学的文献中，大多包含"教材选篇更迭""教学现状""存在的问题"以及"教学对策"四部分内容：

王红的《初中语文教材中鲁迅作品阅读教学研究》一文，对初中语文教材中鲁迅作品编选篇目和价值取向的变化发展进行了历史回顾，并通过调查问卷的形式，从内外因两个方面对当下鲁迅作品阅读教学的尴尬境遇进行了全面剖析；然后结合教学案例分析，为初中语文鲁迅作品教学提出了具有现实意义的有效建议：一、明确教学阶段的差异；二、区分教材选文的类型；三、合理规划教学的内容；四、追求各方视界的融合；五、建构学生经验的课程。

杨晓帆的《中学语文课中鲁迅作品教学的回顾与反思》一文，对中学语文鲁迅作品的选篇与解读进行了回顾，从观念转变、作品选目、教学成绩三个方面总结了鲁迅作品在中学语文课中的教学现状，反思了当前存在的问题，并对鲁迅作品今后的教学实践进行了思考与展望。该研究的突出特色是对中学语文课中鲁迅作品教学的反思比较全面，反映在以下六个方面：一、学生学习的实效性偏低；二、教师教学水平欠佳；三、课程教学的效果不明显；四、作品解读缺乏多元化；五、教学评价没有紧跟时代；六、教研缺乏有效沟通。另外，此文在鲁迅研究和语文教学之间的联系上做出了一些积极的探索，但是策略研究的思路不是特别清晰。

屈绯莉的《论中学语文鲁迅作品教学现代性的缺失与补救》一文，先是从篇目的编选、教学的导向以及教学内容的特点三个方面对鲁迅作品教学进行了回顾，然后分析了其现代性缺失的现状和问题，最后提出了鲁迅作品教学的可行性建议。该研究将理论落脚点放在语文的现代性上，从现代语文教育的角度研究鲁迅作品现代性的缺失：教学不够深入、学生行为欠佳、教学实效性不足、教学缺乏系统性。另外，该研究从"放开手脚，打开思路""深挖文本，拓展阅读""有的放矢，重点突出"三个层次对教师发展、教学方法、解读理念、评价方式提出了有效的实施建议。

王秦玥的《中学语文教材鲁迅作品编选与教学研究》一文，基于新时期语文阅读教学的价值取向，对统编本初中、课标版高中语文教材中的鲁迅作品选文进行分析，从语文工具性和人文性的角度阐释鲁迅作品的教学价值：独特的语言运用、丰富的写作文体、立体的人物形象，批判精神、悲悯精神和独立精神。然后对鲁迅作品的教学情况进行问卷调查，得出鲁迅作品的教学现状，最后提出能够提高鲁迅作品教学质量的作品编选和教师教学建议。

另外，北京大学的钱理群教授以及汕头大学的王富仁教授等学者也发表了多篇有关中学语文鲁迅作品教学的文章，在语文教育界影响深远。例如钱理群教授的《中学语文鲁迅作品的教学》《关于鲁迅作品教学的几点思考》，王富仁教授的《如何看待语文课本中的鲁迅作品》《最是鲁迅应该读——关于中学鲁迅作品教学的几点思考》等。不过，这些文章虽然架起了学术界与教育界关于鲁迅研究的桥梁，但从教学研究的角度来讲，文章中的论述缺乏整体性和系统性，也没有结合真实的课堂实践和师生反馈，不免有些"自上而下"的味道。

二、鲁迅作品教学价值研究

刘璐的《文学价值·时代精神·教育理念——考量语文课本中"鲁迅作品"的入选标准》一文，从教材篇目入选标准的视角，侧面阐释了鲁迅作品的当代价值：第一，从文学本身出发，鲁迅作品的文学价值是最本质的入选标准；第二，从时代精神出发，鲁迅作品的时代价值及其精神影响是最深层的入选标准；第三，从教育理念出发，鲁迅作品的学生可接受性及受教育价值是最基础的入选标准。

汪明霞的《鲁迅作品教学的三个基本向度及其现实性价值》一文，结合具体的作品分析，从文化、文学、语言三个维度对鲁迅作品教学价值取向有一个清晰的定位，提出鲁迅作品教学实践的三个基本向度是学习文化观、体会文学味、欣赏语言力。其中学习鲁迅的文化观是落实教学的首要目标，包括学习鲁迅作品的先进性、民族性、主体性；文学味的表达和体悟是鉴赏活动的重点，包括欣赏鲁迅作品的形象性、情感性、审美性；语言力的欣赏是语文实践的特点，包括赏析鲁迅作品的生动性、深刻性、独特性。

丁丽的《中学语文教材中鲁迅作品的编选及其教学问题研究》一文，也明确提出了鲁迅作品的教学价值：思想教育价值和语文学习价值。思想教育价值主要包括：强烈的民族责任感、鲜明的"主体"意识和真切的同情心；语文学习价值则是指培养学生的阅读能力和写作能力。

管然荣的《鲁迅教育价值再思考》一文，提出鲁迅作品在提升学生阅读品味、培养学生思维能力、提高学生写作水平等方面具有积极的教育价值，鲁迅其人其文，在中国基础教育界具有不可替代的重要作用，在当今新世纪素质教育的浪潮中依然具有无穷的魅力。

王栋生的《正确认识鲁迅作品的语文教育价值》一文，指出无论是在提高学生人文素养方面，还是在培养学生语文能力方面，鲁迅作品都具有无可替代的作用：鲁迅作品个性化的语言艺术十分值得学生去鉴赏品味；鲁迅作为二十世纪初中国伟大的思想家，其对社会、人情世态的深切体察与思考远超时人，他文章中所蕴含的深刻思想与浓郁情感对学生三观的塑造和培育具有重要的意义。

王旭的《中学语文教材中鲁迅作品的当代价值》一文，分析了鲁迅作品在当代社会发挥的现实意义主要在其思想价值：对底层民众的深切关怀，对社会黑暗的犀利批判，对自由民主的不懈追求以及对国家命运民族未来的深刻思考，鲁迅的精神品质具有永恒的生命力，濡染着一代又一代怀揣理想、向往真理、热爱祖国的中国青年。

三、研究存在的问题

通过研究分析以上文献，笔者发现，新世纪以来教育界对中学语文鲁迅作品的研究日渐丰富化和深入化，但是在研究领域中依然存在某些不容忽视的问题。例如，有的文献单方面研究鲁迅作品的教学现状、教学策略，有的文献单方面论述鲁迅作品当下的教育价、教学向度，但将二者融合到一起，从教学价值取向角度研究中学语文鲁迅作品教学的文献却少之又少。薄景昕的《论新世纪的中学鲁迅教育及其价值取向》一文，虽然既明确提出鲁迅作品的教学价值取向是"立人"思想，又在作品编选、文本解读等方面提出了相应的教学策略，但是没有对中学语文鲁迅作品教学价值取向做出系统的整理和分析，也缺乏必要的理论基础和课例补充。另外，大多数文献仅仅是对新课改前后的鲁迅作品教学、价值取向发展进行了比较分析，现状研究大多截至到 2010 年之前。但如今这场教育改革已经浩浩荡荡进行了二十余年，在课程改革深入推进的过程中又出现了种种矫枉过正或者价值偏误的现象，如 2010 年以来出现的"鲁迅大撤退"讨论热，正说明了在实施新课改十年之后，鲁迅作品教学依然存在种种困惑，并且已经从一个专业的课改问题升级为全民热议的社会现象。尤其是在全国统一实行部编版中学语文教材之后，鲁迅选文的变化又引起了学术界、教育界的广泛关注和讨论。究竟该如何在课堂教学中发挥出鲁迅作品的最大价值，让中学生受益匪浅，还需要语文教师们的不断探索。

所以，本研究拟从"语文学科核心素养"的视角出发，结合系统的历史追溯、最新的现实分析及经典篇目的课例比较，争取在理论意义和实践导向上对中学语文鲁迅作品教学价值取向研究贡献新的力量。

第四节 概念界定

一、教学价值

教学既是一种"人为性"的社会活动，又是一种承载和传递价值的"为人性"的实践活动。当前，学术界对于"教学价值"的定义还没有形成统一的认识，主要观点如下。尚凤祥先生强调教学价值的"需要论"："教学价值即教学活动与主体需要之间的关系，也就是指教学这一活动应满足教学主体的哪些需要。"[①] 王汉澜先生则偏向教学价值的"属性论"，认为教学价值是教学本身所具有的属性："教育价值（自然包括教学价值）是指教育这一事物、现象对其他事物、现象所具有的某种意义，这种意义是通过教育对社会、对人所起的作用体现出来的。通俗地讲，教育价值就是教育对社会和人的用处。"[②] 另外，还有学者侧重于教学价值的"关系论"："教学价值是在一定的社会历史条件下，教学主体与满足教学主体需要的教学客体属性之间的一种关系，这种关系的形成必须依赖于教学主体的实践活动。"[③]

本研究认为，教学价值不仅仅是指教学活动从物质角度对教学主体的教学需求的满足，更是从精神角度对教学主体的激发和启

---

① 尚凤祥. 现代教学价值体系论 [M]. 北京：教育科学出版社, 1996:10.

② 王汉澜，马平. 浅谈教育的价值 [J]. 华东师范大学学报：教育科学版, 1991(1):27-32.

③ 陈梦稀. 教学价值辨析 [J]. 湘潭大学学报：哲学社会科学版, 2004(4):157-159.

蒙，目的是实现教学主体的创造性发展。鲁迅的作品体裁丰富、视角独特、语言精妙、思想深刻，在培养和提升学生的语言运用能力、文学领悟能力和思维创造能力等方面都具有不可替代的教学价值。

二、教学价值取向

一般而言，教学价值取向是指教师在进行教学活动时，为了达到某一目标或者满足某种需要，基于教学价值观念，在选择或采取某种教学行为时所持有的基本价值倾向性。教学价值观念就是人们对于教学价值的固有看法和认识，它植根于教师的头脑之中并伴有情感倾向和意志保证，会有意无意地指导教师的教学行为。不同教师教学行为的差异，其根源就在于他们的教学价值取向不同，因而做出了相应的教学价值选择。

本研究认为，教师的教学价值取向既能体现教师职业的社会意义，又能反映教师个人的内心需求，不仅决定着课堂教学的效果，也影响着学生的思维方式，甚至会潜移默化地渗透到学生一生的"三观"之中。尤其是对于鲁迅作品这种文学经典的教学，语文教师的教学价值取向在师生进行文本解读、情感把握、主题理解的过程中都发挥着举足轻重的导向作用，会直接影响学生对鲁迅、对其作品的认知和评价，更应该引起广大教师的高度重视。

第五节　研究方法

一、文献研究法

文献研究法是最常见、最普遍的学术研究方法，可以通过各种搜索引擎，搜集线上、线下的各种文献、书籍和案例资料，帮助研究者了解研究背景、研究现状、发现和提出新问题。本研究通过搜集、阅读、整理相关的鲁迅研究资料，在宏观上对1949至今中学语文教材中鲁迅作品编选情况的更迭和教学价值取向的变迁有了清晰的认识和深入的了解，从而为本研究重塑中学语文鲁迅作品教学价值取向奠定了科学、全面的理论和现实基础。

二、对比研究法

比较研究法是根据一定的标准，对两个或两个以上有联系的事物进行考察，寻找其相似性或相异程度，探求普遍规律与特殊规律的方法。本研究一方面通过纵向对比鲁迅作品在不同时期的编选情况和价值取向，可以很直观地看出鲁迅作品在中学语文教材中近百年来的发展历程和接受情况；另一方面，通过横向对比同一时期（新课改之后）不同教学名师执教鲁迅作品的课例，进一步把握鲁迅作品教学价值取向在新课改之后的发展趋势和共性追求。

三、课例研究法

课例研究法分为动态的课堂行为观察研究和静态的教学设计案例研究，本研究更侧重于后者，主要通过对已经形成文献的教学内容解读、整篇或片段教学设计、课堂教学实录等进行静态的课例研究。本研究选取《藤野先生》《孔乙己》《拿来主义》三篇不同文体的鲁迅经典作品的教学课例进行整理、分析和评价，旨在从微观上提炼出鲁迅作品教学价值取向的共性追求，从而为本研究思考和定位鲁迅作品的教学价值取向提供有力的现实依据和实践参照。

第二章 历史回顾（1949-2010年）：鲁迅作品教学价值取向的变化

第一节 教材编选情况的更迭

20世纪20年代初，鲁迅刚刚在文坛声名鹊起，国内一些著名的学校就开始在其自行编写的国文或国语课本中选用鲁迅的作品。北京市孔德学校编订的《初中国文选读》是当前已知的最早选编鲁迅作品的中学语文课本，其中入选了《社戏》《风筝》《故乡》等作品，随后便开启了鲁迅作品在中学语文教材中近百年的历程。

中华人民共和国成立以来，鲁迅作品在教材中的编选经历了一个稳定、更替和逐步发展的过程。现将鲁迅作品在人教版中学语文教材中的编选数量变化予以折线图表示：

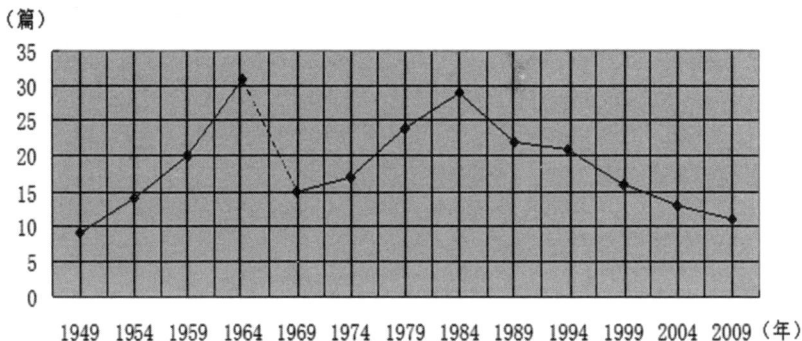

图2-1 人教版中学语文教材鲁迅作品编选数量变化图

如图所示，从新中国成立之后到"文革"之前，鲁迅作品在中学语文教材中的编选数量持续上升，于20世纪60年代初期增至31篇；"文革"期间，由于政治原因，人民教育出版社被迫解散，已编辑出版的全国通用教材被各地方政府自行编写的五花八门的语文课本所取代，鲁迅作品曾一度被逐出教材，直到1969年后才逐渐得以恢复；70年代后期至80年代前期，语文教育界对"文革"期间语文教材的混乱局面进行修订改编和拨乱反正，鲁迅作品迎来了编选的新高峰；80年代中后期一直到新课改以来，鲁迅作品在中学语文教材中的编选数量逐渐递减并趋于稳定。虽然从总的篇数来讲，鲁迅作品呈现出先增后减、再增又减的过程，但各时期在教材中所占的比例始终为古今中外作家之首，低谷期依然占到中学语文教材总篇目的5%。由此可见，语文教育界对鲁迅作品传世价值的高度重视，以及鲁迅在中学语文教育教学中的崇高地位。

下面是不同文体的鲁迅作品在各个历史时期的编选情况：

一、1949-1966 年：共计 31 篇

表2-1　1949-1966年鲁迅作品编选情况

时间	文体	篇　目	数量	总计
1949-1966 年	散文	《好的故事》《聪明人和傻子和奴才》《记念刘和珍君》《为了忘却的记念》《从百草园到三味书屋》	5 篇	31 篇
	小说	《狂人日记》《孔乙己》《药》《故乡》《一件小事》《阿Q正传》《鸭的喜剧》《祝福》《社戏》《铸剑》《理水》	11 篇	

时间	文体	篇 目	数量	总计
1949–1966 年	杂文	《<呐喊>自序》《我们不再受骗了》《灯下漫笔》《中国人失掉自信力了吗》《文学和出汗》《"友邦惊诧"论》《对于左翼作家联盟的意见》《"丧家的""资本家的乏走狗"》《中国无产阶级革命文学和前驱的血》《论"费厄泼赖"应该缓行》《人生识字糊涂始》《答北斗杂志社问》	12 篇	
	诗歌	《自嘲》《自题小像》《为了忘却的记念（诗）》	3 篇	

在中华人民共和国成立后"十七年"时期，累计有 31 篇鲁迅作品进入了中学语文教材，其中杂文数量高达 12 篇。这说明鲁迅作品得到了官方的进一步认可，新政权需要利用这些现实批判性很强的杂文来抨击已被推翻的旧政权。另外这一时期编选的作品，几乎奠定了之后半个多世纪中学语文鲁迅作品编选篇目的基础。

二、1966-1976 年：共计 15 篇

表 2-2　1966-1976 年鲁迅作品编选情况

时间	文体	篇 目	数量	总计
1966–1976 年	散文	《藤野先生》《为了忘却的记念》《从百草园到三味书屋》	3 篇	15 篇
	小说	《一件小事》《孔乙己》《药》《祝福》	4 篇	
	杂文	《"友邦惊诧"论》《答北斗杂志社问》《文学和出汗》《答托洛斯基派的信》《三月的租界》《论"打落水狗"》《在现代中国的孔夫子》《流氓的变迁》	8 篇	

"文革"十年，无论是教育、科学还是其他领域都遭受了巨大

的劫难，鲁迅作品也未能免于此劫，一度被中学语文教材所封杀。直到 1969 年之后，随着语文课"文"的范围的扩大，鲁迅作品才逐渐回归教材。但收录的数量大不如前，由"十七年"（1949—1966）时期的 31 篇骤减到 15 篇，并且其中杂文作品占据了大半，散文与小说作品的入选数量达到历史最低。

三、1976-2001 年：共计 29 篇

表 2-3 1976-2001 年鲁迅作品编选情况

时间	文体	篇 目	数量	总计
1976-2001 年	散文	《藤野先生》《从百草园到三味书屋》《为了忘却的记念》《记念刘和珍君》《风筝》《阿长与 < 山海经 >》《雪》《范爱农》《鲁迅自传》	9 篇	29 篇
1976-2001 年	小说	《一件小事》《孔乙己》《祝福》《故乡》《社戏》《狂人日记》《药》《阿 Q 正传》	8 篇	29 篇
	杂文	《"友邦惊诧"论》《答北斗杂志社问》《文学和出汗》《论雷峰塔的倒掉》《< 呐喊 > 自序》《人生识字糊涂始》《灯下漫笔》《中国人失掉自信力了吗》《论"费厄泼赖"应该缓行》《"丧家的""资本家的乏走狗"》《拿来主义》《流产与断种》	12 篇	

新时期中学语文教材中收录的鲁迅作品，恢复了"文革"前"十七年"（1949—1966）时期的大部分篇目，但是对一些政治性过强的杂文进行了筛选调整，删掉了《对于左翼作家联盟的意见》《中国无产阶级革命文学和前驱的血》等作品。另外，教材中增添了

《藤野先生》《风筝》《阿长与＜山海经＞》《雪》等散文作品，篇目选择日渐趋向中学生的可接受性和认知能力的发展。

四、2001-2010 年：共计 11 篇

表2-4　2001-2010 年鲁迅作品编选情况

时间	文体	篇目	数量	总计
2001-2010 年	散文	《藤野先生》《阿长与＜山海经＞》《记念刘和珍君》《风筝》《从百草园到三味书屋》	5 篇	11 篇
	小说	《孔乙己》《祝福》《社戏》《故乡》	4 篇	
	杂文	《拿来主义》《中国人失掉自信力了吗》	2 篇	

进入 21 世纪，我国中学语文教育界迎来了轰轰烈烈的新课程改革，过去在中学语文教材中占有不可动摇的中心位置的鲁迅作品，也受到新课改的冲击，收录数量大量减少。像《文学和出汗》《论"费厄泼赖"应该缓行》这种政治性强、语言晦涩难懂的文章，均从教材中删除，杂文数量由 12 篇骤减到 2 篇。像《狂人日记》《阿Q 正传》等篇幅过长、言语拗口、理解困难的文章也被剔除，选文更注重贴近生活，突出作品的文化内涵。

总之，近百年来，中学语文教材中鲁迅作品的编选数目经历了一个由少变多，又由多变少的过程；被选用的文章体裁从以政治性杂文为主，逐渐转变为以散文和小说为主。但是，变化的，是鲁迅作品的编选数量和文体类型；不变的，是鲁迅在中学语文教育界的不朽价值和经典意义。

第二节　教学价值取向的变迁

每一个时代都有自己所提倡的独特价值取向，教育活动尤其容易受时代的影响，进而形成和彰显具有时代特色的价值追求。鲁迅的作品往往包含丰富的主题思想，教师在教学时，很容易被外部的社会文化氛围所左右，从而在特定时期形成特定的教学价值取向。研究鲁迅作品在不同历史时期教学价值取向的变迁，有利于明确鲁迅作品教学现状的历史渊源，并对语文教师的教学实践有一定的借鉴和启发作用。

一、思想政治教育价值

1949 年新中国建立后，国家的首要政治任务是实现向社会主义的过渡。为了统一思想，培养国民对新政权的归属感，语文学科成为了传递新政权意识形态、对国民进行社会主义思想政治教育的重要载体。当时《初级中学语文课本》（人民教育出版社 1950 年版）的编辑大意中说到："政治教育是各个学科都要承担起来的不可推卸的重大使命，这一使命，对语文学科更为重要。语文课上，可以借助说理性较强的论文来进行思想政治教育，也可以借助一篇散文，一则小说，一首诗歌，一个历史或科学故事来表达一种政治思想或阐释一个社会道理。"[①] 由此，语文学科的教学任务已经与思想政治

---

① 董奇峰，苗杰. 中学语文教材（1950-1977）中鲁迅作品的选择和解读 [J]. 中国现代文学研究丛刊 ,2002(1):106-124.

教育紧密相连，这也从侧面传达了当时语文教材的编选准则，即选录的作品均要符合新政权"为我所用"的标准。这一时期，被毛主席高度评价为"伟大思想家、革命家、文学家"的鲁迅及其作品，理所当然地被大量编入中学语文教材，并被赋予了巨大的思想政治教育价值。例如，当时《故乡》一文的教学建议中提到，本课的教学重点是让学生了解农民在半殖民地半封建社会水深火热的悲惨生活，体会作者对底层人民的关怀与怜悯，引导学生树立热爱劳动人民、乐于为劳动人民服务的高尚品质。再例如，当时《从百草园到三味书屋》一文的教学建议中写到，教师应当让学生明白，与作者经历的封闭、禁锢的书斋生活相比，他们今天拥有的这种自由自在、多姿多彩、全面发展的教育经历是多么的珍贵；要勉励学生珍惜这种美好生活，努力拼搏，不负韶光。可见，教参编者们为了迎合当时的主流话语，不惜偏离文本原来的主题思想，导致了这一时期鲁迅作品教学的泛政治化、意识形态化。

二、阶级斗争工具价值

"文革"时期，在极左思潮的严重影响下，语文教育已经完全沦为某些政治集团进行阶级斗争的工具。1966年《关于1966-1967学年度中学政治、语文、历史教材处理意见的请示报告》中提到，目前中学使用的教材没有体现毛主席阶级斗争的重要思想，要求教育部重新编辑各科教材。于是相关出版社在编辑语文教材时立即以"阶级斗争"为纲，使语文教育渐渐偏离了"文"的正轨。在"文革"之初，鲁迅作品由于不符合当时阶级斗争的需要，一度被中学语文教材驱逐。直到1969年之后，随着语文课"文"的范围的不断扩大，鲁迅作品才重新回归中学语文教材，并逐渐占据主导地位。此时选录的鲁迅作品无一例外地发挥着阶级斗争工具价值，成为了"革命大批判"的武器，真实的鲁迅离我们越来越远。以 1972年山东大学中文系编写的《鲁迅作品选讲》为例，当时《祝福》一文的课文分析里面，除了一般的政治图解，还有这样一段使人哭笑不得的解读："我们要紧跟伟大领袖毛泽东的步伐，主动开展阶级斗争教育，主动进行新旧社会对比，忆苦思甜。《祝福》正是这样一篇极具教育意义的课文，从中我们可以感受到旧社会对劳动人民的残酷压迫，体会到'三座大山'给劳动人民带来的身心重负，了解到劳动人民无望的痛苦和挣扎，从而领悟到生活在当今社会的幸福，进一步激发起我们对政治领袖的崇敬和爱戴。我们要在伟大领袖毛泽东的思想指引下，彻底打倒散布'剥削有功论''阶级斗争熄灭论'等一系列反动言论的敌人，不断提高以阶级斗争为纲的思想觉悟，坚持开展社会主义革命。"[①]这种解读歪曲和误解了鲁迅创作思想的初衷，是某些另有图谋的政治集团借鲁迅之文来实现自己不良目的的一种阶级斗争手段。

三、语文能力训练价值

"文革"结束后，以阶级斗争为纲的历史即已结束，教育界迎来了重构语文教育体系的新时期。《全日制十年制学校中学语文教学大纲》提出，语文教材须收录文质兼美的作品，其思想内容和语言文字都要适合教学活动。此时，语文教育界进一步加强了对于语

---

① 山东大学中文系.鲁迅作品选讲 [M].1972.

文学科性质的认识，在编选教材篇目时注重培养学生的语文能力。这一时期入选中学语文教材的鲁迅作品体裁多样、题材广泛、编排由浅入深、课后习题不断完善；教师教学逐渐摆脱政治性、阶级性解读，强调还原作者初衷，注重学习鲁迅作品的思想内涵和文学表达。尽管在这一时期，鲁迅作品从编选到教学都有了长足的发展，但是随着1977年高考制度的恢复，语文教育开始服从高考指挥棒的摆布，"应试教育"应运而生。教材中鲁迅的文章也被视为训练学生阅读方法、写作技法的示例，课后设置了大量有关遣词造句、篇章结构、写作方法等方面的练习题。

以当时《从百草园到三味书屋》一课的练习为例：

1.文章描绘百草园，用了"不必说……也不必说……单是……"，把这些词语去掉之后跟原文对比着读一读，体会作者为什么要这样写，并试着模仿这样的句式写一段话。

2.仔细阅读下边一段话，回答问题。

（1）这一段在全文结构上起什么作用？

（2）删掉这段话中的加点词语可不可以？为什么？

3.文中对雪地捕鸟的描述只有短短60余字，却用"系""牵""拉""罩"等9个动词，将捕鸟的一系列步骤形象有序地表现了出来。试写一个游戏来表现系列动作，注意动词使用的准确性，不超过100字。

为了提高学生的应试成绩，大多数教师把鲁迅作品当作阅读训练、技法学习的范文来对待，对作品中的"字、词、句、章"按照教参上的"标准答案"进行"标准化"教学，这严重阻碍了学生想象力和创造力的发展，也不利于激发学生的学习主动性。

四、人文素养培养价值

进入 21 世纪之后，随着"新课改"的推进，语文教育界呈现出"百花齐放，百家争鸣"的局面，语文课开始了向"人"的回归。《义务教育语文课程标准（2022）》强调，学生是语文学习的主体，语文课旨在实现中学生语文素养的培养和提升。另外教材编写建议还特别指出，教材选文要文质兼美，具有典范性，富有文化内涵和时代气息；选文要符合学生的身心发展特点，适应学生的认知水平，激发学生的学习兴趣和创新精神。由此，这一时期中学语文教材对鲁迅作品的选录，更看重作品本身的文学性、审美性、趣味性以及学生的可接受性，在选篇上进行了相应的调整和删减。对于鲁迅作品的教学，少了过去那种对知识点的刻板的强化训练，更注重发挥作品的人文素养培养价值，实现学生的个性化审美体验，引导学生还原鲁迅真善美的"人间形象"，找到与鲁迅跨越时空的心灵契合点。

例如这一时期《风筝》一文的课后习题设计：

1. 课文中说："游戏是儿童最正当的行为，玩具是儿童的天使。"你小时候也做过许多游戏，玩过不少玩具吧？选一个你最难忘的说给同学听听。

2. 下面几段话，也是回忆童年时期放风筝的，试比较其蕴含的情感与原文的异同。

这些习题从学生的生活实际出发，给人以亲切熟悉之感，很容易引起学生共鸣。另外，这种没有用固定答案限制学生思维发展的习题设计，有利于提升学生的文本解读能力和语言创造能力。虽然鲁迅作品教学在新课改的推动下逐渐向好的方向发展，但是在实际的改革进程中，依然不可避免地存在一些问题。比如有的教师矫枉过正，在教学中故意弱化对鲁迅"立人"思想、批判精神的解读，忽视鲁迅作品的思想教育价值，仅仅把其视为普通的经典美文来教学；还有的教师因循守旧，继续沿用机械的说教模式来规范鲁迅作品的思想意义，忽略学生文本理解的能动性……

第三章 现实观察（2010年至今）：鲁迅作品教学价值取向的分析

第一节 鲁迅作品教学价值取向面临的问题

一、现象："鲁迅大撤退"讨论热

"鲁迅大撤退"这一说法，是对新课改前后各地语文教材中鲁迅作品大量减少的一种戏称。2010年9月6日，编剧刘毅在微博上发帖称："开学了，各地教材大换血。"随后他将20多篇被中学语文教材"踢出去"的文章——列举出来，其中就包含鲁迅的《药》《风筝》等多篇课文，由此提出了"鲁迅大撤退"一词。原本关于鲁迅作品将从语文教材中"剔除"的传闻已经由来已久，直到经过此次微博平台的传播发酵，才使"鲁迅作品调整"这样一个教育界的教改问题上升为引发全民关注的社会讨论热：难道鲁迅作品真的要与中学语文教学渐行渐远了吗？难道我们的时代已经不需要鲁迅了吗？对于网友大众、教学一线、媒体记者、学术专家等诸多社会群体的热议，人民教育出版社回应：不存在"鲁迅大撤退"的说法，这是对教改的一种误解。中学语文教材执行主编之一韩涵表示："现行语文教材选录的鲁迅作品数量较之前略有减少，并非刻意削弱鲁迅，也绝不会将鲁迅剔出中学语文教材。"①另一位执行主编温儒敏表示："'鲁迅大撤退'的提法无疑是记者在搞不清楚背景下的'爆料'炒作，教改其实早已开始，教材也早就实施一纲多本，调整篇目的意思是把一些传统选目放到选修范围，鲁迅至今仍然是选录篇目最多的作家。"②科教院研究员钱金涛说："每个时代都有自己特定的教材，教材的革新往往折射着时代的发展。适当压缩鲁迅的作品，并非要抛弃鲁迅，而是争取选录更多优秀的作家作品，丰富中学生的阅读范围。"③在这两年最新发行使用的部编版中学语文教材中，又对包括鲁迅多篇文章在内的经典名篇进行了调整，其中初中语文教材保留了鲁迅的七篇文章：《社戏》《从百草园到三味书屋》《阿长与＜山海经＞》《孔乙己》《故乡》《藤野先生》《中国人失掉自信力了吗》（下表），还收录了《朝花夕拾》作为名著导读。高中语文必修教材仅保留了《拿来主义》《祝福》两篇文章，选择性必修教材收录了《记念刘和珍君》《为了忘却的记念》《阿Q正传》三篇文章（下表）。一时间，再次吸引了来自学术界和教育界有关中学语文鲁迅作品教学的讨论热潮。

---

① 汤寒锋. 人教社否认鲁迅作品将被剔出语文教材 [J]. 重庆晚报 ,2009(8).

② 温如敏. 温如敏论语文教育 [M]. 北京：北京大学出版社 ,2010:88.

③ 汤寒锋. 人教社否认鲁迅作品将被剔出语文教材 [J]. 重庆晚报 ,2009(8).

表3-1 部编版初中语文教材鲁迅作品编选情况

年级段	七年级上	七年级下	八年级上	八年级下	九年级上	九年级上	九年级下
单元	第三单元	第三单元	第二单元	第一单元	第四单元	第五单元	第二单元
单元主题	学习生活	"小人物"的故事	生活的记录	民俗风情	少年时代	议论性文章	人物形象
课文名称	《从百草园到三味书屋》	《阿长与＜山海经＞》	《藤野先生》	《社戏》	《故乡》	《中国人失掉自信力了吗》	《孔乙己》
体裁	散文	散文	散文	小说	小说	杂文	小说
名著导读	《朝花夕拾》：消除与经典的隔膜						

表3-2 部编版高中语文教材鲁迅作品编选情况

教材	必修上册	必修下册	选择性必修中册	选择性必修下册
单元	第六单元	第五单元	第二单元	第二单元
单元主题	学习之道	小说阅读	革命文化	现当代文学
课文名称	《拿来主义》	《祝福》	《记念刘和珍君》《为了忘却的记念》	《阿Q正传》
体裁	杂文	小说	散文	小说

　　"鲁迅大撤退"这一说法到底是人教社回应所说的新闻媒体的无知炒作，还是确实反映了鲁迅作品在中学语文领域的大缩水？通

过认真地调查与分析，笔者得出以下几点拙见：

首先，社会舆论导向错误，"鲁迅大撤退"夸大了事实。第一，纵观整个中学语文教材体系，鲁迅作品的收录篇数较其他作家而言依然是最多的，只是与20世纪的篇数相比调整幅度较大，在中学语文教材中依旧占有不可替代的地位，所以不存在"大撤退"一说。一些媒体在没有认清鲁迅作品实际教学现状的情形下就跟着炒作议论，实则是对语文学科建设的干扰。第二，之所以会有"鲁迅被剔出中学课本"的错误舆论，是因为许多人不了解中学语文教材模式的革新——选修与必修相结合，仍用"老思想"视必修篇目为鲁迅作品是否在岗的唯一证据。例如，部编版高中语文教材在必修中虽然只保留鲁迅的《祝福》《拿来主义》两篇文章，但在选修教材中另外收录了鲁迅的《记念刘和珍君》《为了忘却的记念》《阿Q正传》三篇文章。有了选修篇目的加入和补充，鲁迅作品在中学语文教材中篇数的适当调整也就可以理解了。

其次，调整篇目理由充分。第一，鲁迅作品中的确有不适合中学生阅读的文章。关于鲁迅作品在中学语文教材中的编选标准，钱理群先生曾提出两点建议："一是要能体现鲁迅思想、文学的精髓；一是要具有可接受性，符合中学生的年龄特性。"[①]早在20世纪20年代，有人建议把《狂人日记》选入中学语文课本，鲁迅就坚决反对："中国书籍虽然缺乏，给小孩子看的书虽然尤其缺乏，但万想不到会轮到我的《呐喊》。"[②]对于中学生而言，一些言辞过于激烈、过

---

① 钱理群. 语文教育门外谈[M]. 广西：广西师大出版社,2003:145-150.

② 孙伏园. 关于鲁迅先生[J]. 京报副刊,1924(1).

于血腥、被认为是"骂人"的作品，比如在新课改前曾一度进入中学语文教材的《论"费厄泼赖"应该缓行》《文学和出汗》等，就不适合选入中学语文教材。由于中学生的生活阅历有限，思维发展也不够成熟，鲁迅的一些批判战斗性很强或遣词造句过于艰难晦涩的文章很难被他们准确的接受和理解。第二，新课标背景下，教材多元化的发展需要。虽然鲁迅是20世纪我国最伟大的文学家之一，他的作品具有经久不衰的传世价值，但在以往中学语文教材中所占的比例实在太大了，几乎每一个单元都会涉及鲁迅的文章。语文出版社、著名时评人李勇说："鲁迅当然很伟大，但是每个作家都有自己独特的风格，为什么不把其他人的作品也编入语文教材呢？鲁迅的文章，让人感受到他的理性、他的冷峻、他的硬骨头精神，是一种选择；那为什么不去选择沈从文那种乡土的美感？为什么不去选择梁秋实的那种平实？还有郁达夫的那种才气？"①中学生确实应该接触更多优秀的作家作品，比如梁秋实、巴金、金庸等等，不断丰富他们的阅读范围和文学体验。所以，鲁迅作品在中学语文教材中的适当压缩，为其他的优秀作品被编入课本提供了机会和空间。

二、实质：教学价值取向不明

"自鲁迅作品问世以来，便与家国命运等厚重的字眼紧紧相扣，被众多积弱的国民寄予了太多的奢望。"②鲁迅作品的经典性与深刻性注定了其近百年来在国人心中永恒的地位。自民国时期鲁迅作品

① 李勇.删减鲁迅文章没什么大惊小怪[Z].http://book.ifeng.com/culture,2010.9.
② 王德领.走进人间的鲁迅——从《一个人的呐喊》看鲁迅传记的写作[J].博览群书,2010(11):91-94.

被编入中学语文教材以来，被一代又一代的教师与学子进行解读与接受，语文教学已经成为绝大多数人认识鲁迅、了解鲁迅的首要渠道。然而，语文教材作为国家意识形态的反映，不仅肩负着将文学经典一代代传承下去的使命，还需要体现各个阶段国家主流价值观的倾向性。从中华人民共和国成立之初"十七年"时期的思想政治教育价值，到"文革"时期的阶级斗争工具价值，新时期的语文能力训练价值，再到新课改初期的人文素养培养价值，中学语文鲁迅作品的教学价值取向虽然经历了时代的更迭和发展的革新，但一直是主流意识形态的价值标杆。

进入 21 世纪之后，随着多元政治经济文化环境的影响以及新课改以来教育思想的不断开放，人们获得了更多的话语权，不再被动地受限于主流意识形态，对语文教育价值的选择和追求也日益呈现出由单一价值转向多元价值的状态。虽然在中学语文教学中，鲁迅作品一直存在争议，但是这一话题彻底触发广大群众的神经，从一个教育界的专业教学问题最终升级为"鲁迅大撤退"的社会讨论热，还是在 2010 年前后，尤其是新教材调整后才出现的现象。此时舆论的焦点已不再是单纯的"鲁迅作品去与留"本身，而是上升到了价值取向论争层面。大家关注的是"伪话题"背后的"真问题"——对于文学经典"鲁迅"，我们该如何选择？大部分人认为，鲁迅作品作为我国现代民族文化的瑰宝，其作品中体现出来的文学、文化和思想价值在当今社会依然适用，语文教师应该遵循正确的教学价值取向，引导着学生走近鲁迅、了解鲁迅，逐渐感受鲁迅作为"文学大师"的魅力，感悟其字里行间所流露出的救国救民意识。可是，究竟什么样的教学价值取向才是正确的、才是有利于学生接受和发展的呢？在新课改轰轰烈烈进行了十余年后的今天，依然有不少语文教师对鲁迅作品的教学价值取向存在困惑：到底该"教什么""怎么教"才能发挥鲁迅作品对中学生语文能力培养的经典教育意义？到底该如何在教学实践中把握鲁迅作品的思想启迪价值、审美创造价值、文化教育价值……择其一还是全盘倾授？由此可见，人们思想的多元化导致了鲁迅作品教学价值取向的混乱，这虽然打破了过去那种机械、呆板、统一的教学模式，但也导致了鲁迅作品教学文本解读片面化、主题诠释混乱化、课堂评价随意化等一系列问题的出现。随之而来的是"鲁迅"的当代价值在中学语文教学中的"日益模糊"和"渐行渐远"。因此，语文教师对鲁迅作品教学价值取向的不明晰，这也是"鲁迅大撤退"讨论热现象背后映射出的实质性问题，需要引起中学语文教育界的高度重视和深刻反思。

第二节 鲁迅作品教学价值取向不明的原因

一、时代转型与大众文化的崛起

21世纪，是一个政治、经济、文化全面与国际接轨的时代。随着市场经济的快速发展和西方现代文明的广泛传播，各种充满诱惑力的英剧美剧、五彩斑斓的娱乐节目、物欲横流的商品广告以及令人眼花缭乱的互联网世界，肆意充斥着人们的眼球。在这样一个时代，大众文化、网络文化、快餐文化等多元文化形态开始登上历史舞台，这虽然打破了精英阶层对文化的垄断和专制，使得文化逐渐走向平民化、通俗化，成为能够被大多数人所接受的意识形态，但也导致人们价值观念的急剧转变，精英文化、主流文化的主导地位也随之受到排挤和冲击。这种时代的转型和文化的多元，使人们对精英文化与文学经典的传统价值不断产生怀疑，对网络快餐文学的追捧远远超过了对精英文学的崇拜。当然，鲁迅作品也不例外，在这样一个以自我为中心、以快乐为准则的大时代中，鲁迅强烈的"立人"思想和批判意识逐渐被世人所遗忘。

受时代语境与文化思潮的影响，社会上"倒鲁""贬鲁""去鲁迅化""鲁迅过时论"的声音此起彼伏，中学校园里"一怕文言文，二怕写作文，三怕周树人"的论调口耳相传，刹那间，以鲁迅为代表的经典文学受到了空前的质疑与解构。对于猎奇心强又有些盲目、思维发展不成熟的中学生来说，他们更愿意接受轻松自由的娱乐文化和通俗文化，想要追求现世的安逸与享乐，认为鲁迅那个年代所思考的民族命运与国家前途距离他们太过久远，涉及的话题也过于沉重，所以不愿意去读、也不愿意花时间去理解。同样，在不少语文教师看来，鲁迅的文章仿佛是一块"烫手山芋"，虽然知道其对中学生的成长发展有着不可替代的教育价值，却不知道如何教学才能让学生接受鲁迅。更有甚者，任课教师自己也不去广泛涉猎鲁迅的文章、不了解真实的鲁迅，这又怎么可能实现通过教学还原鲁迅本身，从而引导学生领略鲁迅的"人间性"形象呢？

二、历史隔膜与鲁迅的"神化"

王铁仙教授曾说："现代读者认为鲁迅的作品难懂，很大一部分原因是时代的隔膜，鲁迅先生处于一个社会动荡、政治黑暗、人民痛苦的时代，他需要用匕首般的文字同黑暗势力顽强斗争；而今天所处的时代则较为自由和谐。因此，很多人可能无法体会鲁迅作品中蕴含的深刻思想。"① 我们知道，鲁迅生活在近代社会向现代社会转型时期，经历了辛亥革命、新文化运动、五四运动等历史巨变，其作品也必然有其时代的烙印。但随着时代的变迁、社会的发展，人们的很多价值观念和生存环境都发生了巨大的变化，大多数人对那段历史和相应的文化了解甚少，很难做到设身处地地去理解鲁迅在动荡时代发出的呐喊与呐喊之后的彷徨。于是，反映在教学中，师生就很难恰当准确地把握鲁迅作品真正的价值取向。尤其是对于出生和成长在新时代的初中生而言，殷实富足的生活、幸福美好的学习环境、单纯有限的人生经历，使得他们对社会的世态炎凉和底层人民的困苦无奈做不到切身体会，对鲁迅身处异乡时作为弱国国民遭受的屈辱和不公也是很难产生情感共鸣。因此，时代背景与生活经验的大相径庭对学生学习鲁迅作品造成了一定的局限。比如在《记念刘和珍君》一文中提到的"三一八事件"，对于很多人来说是陌生的，学生单是从文字表面感受该事件对青年学生的迫害，远远不能感同身受地体会到作者当时的悲痛与事件的悲惨。

陈独秀曾说："在民国十六七年，鲁迅还没有接近政党之前，当中一班无知妄人，把他骂得一文不值，那时我曾为他大抱不平。后来他接近了政党，同是那一班无知妄人，忽然把他抬到三十三层天

---

① 王铁仙. 我们还要鲁迅 [J]. 广东第二师范学院学报, 2001,21(3):6-8.

以上，仿佛鲁迅先生以前是个狗，后来是个神。"①虽然时代的车轮在不断向前，但在 21 世纪，鲁迅被历史所赋予的"神"的称号依然存在，究其根源还是来自毛主席在延安时期对鲁迅的高度评价："鲁迅是伟大的文学家、革命家、思想家，鲁迅的方向就是中华民族新文化的方向。"在这种政治导向的巨大影响下，中华人民共和国成立后"十七年"时期甚至"文革"十年动乱阶段，鲁迅作品一直稳坐神坛，享受超然的地位。著名学者王富仁教授评价鲁迅是"中国现代文化的缔造者，是我们民族现代精神的表征。鲁迅，是作为一个民族的魂灵，作为中国现代知识分子的一个楷模而存在、而被我们所接受的。"②语文教师教学鲁迅的作品时，自然而然就会强调鲁迅的光辉形象，让"三大家""民族魂""文化的缔造者"等各种至高无上"神化"标签深深烙印在学生心中，仿佛鲁迅从来都是高高在上、被人顶礼膜拜的，与我们普通人不一样，无形中拉开了学生与鲁迅的距离，让学生对鲁迅产生疏离感。所以，在师生眼里，鲁迅成了一位高高在上的"神"，而不是一个可以接近和触摸的"人"，这也导致了鲁迅作品教学价值取向的偏误。

三、语言晦涩与思想的深邃

鲁迅的作品大多产生于新文化运动时期，当时白话文运动方兴未艾，字形字体、遣词造句尚未规范化、系统化，作品中常常夹杂着少量的文言现象。例如，《从百草园到三味书屋》中的"这故事使我觉得做人之险……""所谓不知道者，乃是不愿说"；《藤野先

---

① 子通.鲁迅评说八十年 [M].北京:中国华侨出版社,2005:24.
② 王富仁.鲁迅在中国文化史上的地位和作用 [J].中国文化研究.2005:1.

生》中的"大概是物以希为贵罢""犹言我得了教员漏泄出来的题目"；《社戏》中"然而又自失起来"；《故乡》中的"我素不知道天下有这许多新鲜事；海边有如许五色的贝壳……"。除此之外，鲁迅先生深受绍兴地域文化影响，在作文时大量使用吴方言，例如，《从百草园到三味书屋》中的"现在是早已并屋子一起卖给朱文公的子孙了"；《社戏》中的"这回想出来的是桂生，罗汉豆正旺相……""铁头老生也懈了""迅哥儿向来不乱跑，我们又都是识水性的"。鲁迅先生作为现代白话小说创作的第一人，在广泛吸取文言、白话、欧化语体、俗语的基础上，对自己的语言进行了创造性的"陌生化"处理，这也就不难理解为什么鲁迅的文章常常会出现我们眼中的"错别字"和"病句"。比如《记念刘和珍君》中的"记念"，我们现在通常写作"纪念"；《祝福》里"我就站住，豫备她来讨钱"，"豫备"对应我们现在的"预备"；《好的故事》中"现在我听见的故事清楚起来了，美丽，优雅，有趣，而且分明"，其实是对欧化语法中"定语后置"语序的引用。这种语言的艰难晦涩，很难被我们现代人所理解，也无怪乎当今中学生里有人惊呼：鲁迅的文章比文言文还要难学！所以，自然也会影响师生对其作品文本解读和教学价值的准确把握。

另外，鲁迅思想的深刻性与先锋性，在其作品中表现的极为突出，也正因为此，鲁迅的文章才能在历史的长河中流传千古，被世人奉为经典。例如《狂人日记》中的"吃人"现象，《拿来主义》里面的"孱头""昏蛋""废物"。但事情总有两个方面，鲁迅部分作品思想的过度深邃，尤其是一些被称之为"投枪""匕首"的杂文作品，很多学生甚至部分教师由于读不懂或是心生敬畏而不愿意去阅读。如果读了半天还不明白他想要表达什么，不知道文章的思想主旨，必须借助教参才能一知半解，师生自然就会对鲁迅产生心理距离，又何谈对其作品有自己的独到解读呢？何况教参的内容更新换代比较慢，也不一定都是恰如其分的，这就导致教师更加困惑如何把握鲁迅作品的教学价值取向，才能让鲁迅作品在当今社会发挥它应有的价值。

四、教师素质欠佳与教育功利化

语文教育界和鲁迅研究的学术界基本处于割裂状态，导致多年来有关鲁迅作品的新解读、对鲁迅作品教学研究的新成果无法被运用到真实的语文教学实践中去。大部分中学语文教师缺乏对鲁迅研究的及时关注，错过了鲁迅研究界的诸多最新学术成果，导致在教学过程中只能凭借有限的教学资料和依赖陈旧的教学参考书照本宣科，从而造成教学实践的滞后性和模式化。另外，一部分语文教师自身的专业素养欠佳，文化积淀不够，知人论世的能力不足，鲜有时间深入阅读鲁迅的作品、全面探究作品中所蕴藏的鲁迅的思想精神，从而无法准确理解和把握鲁迅作品的思想价值与文学价值，却把问题都推给了"难懂""晦涩""深奥"的鲁迅。还有一部分教师深受新课改之前鲁迅教学价值取向的影响，仍不能摆脱根深蒂固的阶级分析论和政治影响论的束缚，把鲁迅讲成了某种阶级斗争、思想教育的工具符号，导致了对鲁迅作品文本的偏离、文学的偏离，甚至是语文的偏离。

另外，在高考"指挥棒"的作用下，如今的教育掺杂了太多功利性因素，一个令人满意的高考成绩逐渐成为了学生学习和教师教学的最终目标。虽然鲁迅作品在中学语文教材中所占的比例依然最高，但是在大多数省份的高考试卷中却几乎没有相关的考查，即便有，也是以考查知识点背诵居多。在应试教育的教学思维下，教师在讲授鲁迅作品时把教学内容重点放在了文学常识和思想内涵的识记上，教学方式简单固定、缺乏变通，对鲁迅思想的解读机械僵化，忽略学生的阅读体验，一味强调知识的应试性，将语文课上成了针对性强的"知识积累课"，鲁迅笔下的文字失去了温情和韵味，沦为承载考试知识点的工具。这导致很多学生也普遍认为只要在考试中能够背诵出相应的答案即可，故意淡化考试涉及不到的内容，没有真正地去理解鲁迅作品的人文价值。这种语文教育的功利性，使得教师功利化地为了考试而教学，学生功利化地为了成绩而学习，严重背离了中学语文教育的基本要求——工具性与人文性的统一。有些素质高、责任心强的教师，原本想给学生好好讲讲鲁迅，让学生感受鲁迅作品中质朴形象、寓意深刻的语言特色，体会鲁迅强烈的批判意识和先行的"立人"精神，品味作品中蕴含的浓郁的文学味和鲁迅满腔热血的凛然正气，但是由于应试教育所逼，这些统统只能为训练学生的应试技巧所让步。

　　基于以上外部环境、作品本身、教师素质等因素的影响，当下中学语文鲁迅作品的教学现状不尽如人意。有的教师受应试教育的影响，对鲁迅作品的讲解始终不离字、词、句、段、篇、文章主旨，忽视了学生人文修养、审美情趣的培养；还有的教师流于形式，照本宣科地来回分析学生本身就能理解的东西，缺乏深入引导和启发训练……所以，如何在语文课堂上正确把握鲁迅作品的教学价值取向、实现其教学价值的最大化，是当今中学教师在教学实践中存在困惑的核心指向。

第四章　课例研究：鲁迅作品教学价值取向的透视

　　前两章从宏观角度入手，纵向上对中学语文鲁迅作品的教学价值取向进行了历史回顾与现实分析，阐述了其教学价值取向的发展历程和面临的问题；第三章将从微观角度切入，横向上透视同一时期（新课改之后）不同教学名师执教鲁迅作品体现出的教学价值取向，探究多元课堂中的共性教学价值追求。本章从现行的部编版中学语文教材中选取了三篇不同文体、不同学段的鲁迅经典篇目：散文《藤野先生》、小说《孔乙己》、杂文《拿来主义》，每篇分别选取四位教学名师的典型教学课例，旨在同课异构中取其精华、去其糟粕，学习从真实教学实践中总结出来的规律与经验，为广大中学语文教师把握鲁迅作品的教学价值取向提供切实可行的借鉴与启发。

第一节　散文《藤野先生》

　　《部编版八年级上册语文教师教学用书（2020年）》的课文研讨中提到："《藤野先生》这篇回忆性散文表达了作者对藤野先生的真挚怀念，赞扬了他以诚待人、治学严谨、没有狭隘的民族偏见的崇高品质。作者追述了自己弃医从文的思想变化，处处洋溢着强烈的爱国主义情感。"①

《藤野先生》这篇文章，一是以作者与藤野先生的交往为明线，讲述了作者与藤野先生相识、相处、离别和怀念的故事，尤其是通过描写"添改讲义""改解剖图""关心实习""了解裹脚"这四件事，表现出了藤野先生对工作认真严谨、求真务实，对学生循循善诱、关心备至的品质以及作者对他这种没有民族偏见的伟大人格的敬佩与感激；另外以作者深厚的爱国主义情感为暗线，文中很多与描写藤野先生没有直接关系的材料都是围绕这条内在的线索来组织的。例如写东京清国留学生的所作所为、作者在仙台受到的"优待"、"匿名信"事件和"看电影"事件以及作者弃医从文等等。这两条线索看似平行又相互交织，正是由于作者爱国，他才会更加感激藤野先生的伟大人格；有了藤野先生的鼓励与支持，才让作者"良心发现"，"增加勇气"，坚持战斗。所以在文章结尾，作者把他对藤野先生的怀念敬佩之情与自身的爱国之情结合起来，把从往事中汲取的力量与现实的斗争结合起来，两条线索所传达的思想主题的有机整合和深化，使文章变得更加丰实和立体。

为了引导学生更好地理解本文所表达的深刻思想感情，一方面，教师可以向学生介绍鲁迅写作此文的时代背景，结合具体的历史事件让学生了解当时中国所处的落后挨打的国际地位；另一方面，可以让学生在有感情朗读课文的基础上，对文中重点语句进行品评，例如写"清国留学生"的丑态，藤野先生与"我"的对话，

---

① 部编版八年级上册语文教师教学用书（2020年）[M]. 北京：人民教育出版社，2020.

"我"对藤野先生的评价等等，从而感受字里行间充溢的丰富情感。

一、朱则光：矛盾分析下的情感深层领悟

朱则光，北京市语文特级教师，北京市十一学校学术委员会委员，曾获第五届"语文报"杯全国中青年课堂教学大赛一等奖第一名、北京市基本功大赛一等奖、省市级教学能手等荣誉。朱则光老师在2011年执教过《藤野先生》这篇课文，现将此课例整理总结如下：

表4-1　朱则光老师执教《藤野先生》课例

教学步骤	教学内容
第一步：聚焦"伟大"	①导入：这节课我们一起学习鲁迅先生写自己老师的一篇散文——《藤野先生》。从小学到现在，你们一定也有自己难忘的老师。请你用一两句话来评价他。 ②介绍：屏显藤野先生图片，简单介绍鲁迅的老师藤野先生。 ③齐读：课文第37段鲁迅对藤野先生的评价："但不知怎地，我总还时时记起他，在我所认为我师之中，他是最使我感激，给我鼓励的一个。有时我常常想：他的对于我的热心的希望，不倦的教诲，小而言之，是为中国，就是希望中国有新的医学；大而言之，是为学术，就是希望新的医学传到中国去。他的性格，在我的眼里和心里是伟大的，虽然他的姓名并不为许多人所知道。" ④提问：对这段话，你有什么问题要问鲁迅先生？什么是"伟大"？ 明确：超出寻常，令人钦佩敬仰的。 ⑤追问：鲁迅为什么会用"伟大"这样高的评价，称颂一个普通的医学教授呢？仅仅两年的师生情谊，况且鲁迅后来也弃医从文，二十多年后为什么说在他"眼里和心里是伟大的"呢？

续　表

教学步骤	教学内容
第二步：品味"伟大"	①朗读：第6-23段鲁迅与藤野先生的相识相处。 ②提问：鲁迅选取了与藤野先生交往的哪几件事？结合具体词句谈谈，你读出了一个怎样的藤野先生？ 明确：从"第一节课自我介绍""添改讲义""纠正解剖图""关心实习""了解裹脚"这五件事中，读出了一位工作中规中矩，生活不拘小节；诲人不倦，一丝不苟；既严格又耐心；无微不至，尊重学生；就真务实，心地善良的藤野先生。 ③比较赏析： ·"我的讲义已经从头到末，都用红笔添改过了"，"添改"改为"修改"或"订正"行不行？ 明确：不行。"添改"，即增加和订正，"修改"或"订正"的意义变窄了。 ·"你看，你将这条血管移了一点位置了。——自然，这样一移，的确比较的好看些，然而解剖图不是美术，实物是那么样的，我们没法改换它。现在我给你改好了，以后你要全照着黑板上那样的画。"改为"你看，你将这条血管移了一点位置了。现在我给你改好了，以后你要全照着黑板上那样的画。"行不行？ 明确：不行。原文委婉地批评，耐心地指导，避免了"我"难堪。 ·"听说中国人是很敬重鬼的"，"敬重"改为"迷信"或"相信"行不行？ 明确：不行。作为一个医学教授，本可以直说世界上没有鬼、不必迷信之类的话，但是怕伤了"我"的自尊，故意委婉地用"敬重"一词，而不是"迷信"或"相信"，这是对"我"的尊重，也是对中国文化的尊重——即使它可能是落后愚昧的。 ·"总要看一看才知道。究竟是怎么一回事？"这句话的原稿是"总要看一看才好。究竟是怎么一回事？"哪一句更好？ 明确：现在的定稿更好。定稿更强调了一种郑重的态度、求实的精神，以及对中国妇女遭受摧残的同情，为自己不能亲见的遗憾。"好"字还容易引起误解。 ④引读：于是，作者与藤野先生阔别20余后，依然深沉地感叹："但不知怎地——"（齐读第37段） ⑤追问：现在，你认为值得用"伟大"一词称颂他了吗？ 明确：如果孤立地去看这几件事，就说藤野先生是"伟大"的，还有些单薄，还不足以让鲁迅、让我们感动，因为这更多的是一个教师，至多是一个好教师的职业本能。

教学步骤	教学内容
第三步：感受"伟大"	①调动经验：一个人在什么时候最感动于别人的帮助？ 明确：第一，这个人非常需要帮助，甚至走投无路；第二，你给了这个人最需要的东西。 ②补充资料：列举两篇赞美老师"伟大"的文章。一篇是张九韶的《太阳味》，文章写到班主任偷偷帮"我"晒了"我"尿床的被子，保护我的自尊心，"我"由衷觉得班主任有一颗伟大的爱心。还有一篇是魏巍的《我的老师》，文章写到蔡老师批评那些造谣"我"父亲死在了军阀部队里的孩子，并写信劝慰"我"，说"我"是心清如水的学生，"我"感激地说蔡老师"多么慈爱，多么公平，多么伟大啊！"从这两个故事可以看出，很多事情都是这样，孤立地看很平常，但是如果有了不平常的发生背景，这件事就变得不平常了。 ③补充背景：补充鲁迅在《琐记》和《〈呐喊〉自序》中的介绍，说明鲁迅去日本是因为在国内已毫无出路，到日本寻求学问。 ④提问：结合前5段的描述，鲁迅到达日本后的处境是怎样呢？ 明确：通过在东京的两件事：赏樱花、学跳舞，鲁迅看到的是清国留学生的不学无术、附庸风雅，到处乌烟瘴气，没有自己想要的学问，不免极度失望和愤慨，所以说"东京也无非是这样"；去仙台的路上，看到"日暮里"和"水户"，他很颓唐很失落，很自然地联想到自己渺茫的前途，有点"山重水复疑无路"的味道；初到仙台后，鲁迅对在此得到的待遇表示感谢但并不感动，因为他此时最需要的是学问和振兴祖国的良方，而不是这些"大概是物以希为贵罢"的优待。当鲁迅独处异国他乡，在失望中苦苦追求、心灵冰到零点的时候，藤野先生雪中送炭般地给了他最需要的知识、关怀和人格力量，可谓"柳暗花明又一村"。 ⑤引读：所以，在鲁迅心里："但不知怎地——"。（齐读第37段） ⑥追问：现在，你认为可以评价其"伟大"了吗？ 明确：我们可能觉得已经够了，但鲁迅先生并没有止笔。这种关心依然是个人对个人的，没有超出教师基本的职业范围，与"伟大"这样高的评价还有一段距离。

续 表

教学步骤	教学内容
第四步：深化"伟大"	①思考：课文第24-31段还写了哪两件事？这两件事给了鲁迅怎样的刺激？这与描写藤野先生有什么关系？ 明确："匿名信"事件反映了日本人对中国人的歧视，"看电影"事件反映了中国同胞的冷漠麻木。这两件事不仅是鲁迅弃医从文和藤野先生分别的直接原因，更重要的是，给藤野先生作了反面的衬托：藤野先生对鲁迅的关怀，是发生在这样的心理背景之下——不但是在失望中苦苦追求，而且在追求中常常受辱；是发生在这样的社会背景下——日本举国都在歧视中国人，中国人自己也麻木不仁。但就在这样的时代背景下，藤野先生却能真诚地关怀和帮助鲁迅，这体现了他超越民族的大爱、大善、大美！这样的人格才是"伟大"的，这样的老师才是"伟大"的！ ②引读：面对这样令人敬佩的伟大人格，难怪鲁迅写道："但不知怎地——"。（齐读第37段）
第五步：升华"伟大"	①引读：二十年后，在寂寞中战斗的鲁迅，从这段温馨的回忆中汲取到无穷的力量。所以他感慨地说……（再读第37段） ②引读：通过了解作者与藤野先生相识、相处的故事，"伟大"一词由模糊变得清晰；在弄懂了他们交往的历史背景之后，"伟大"这个词更是从扁平变得立体。它分明让我们感受到，一个曾经怎样的鲁迅，在一个怎样的境遇之下，遇到了一个怎样的藤野先生。所以鲁迅真挚地说："但不知怎地——"。（齐读第37段） ③补充资料：1935年，日本一家出版社打算出版《鲁迅选集》，专门去征求鲁迅先生的意见，鲁迅先生回答："一切随意，但希望能把《藤野先生》这篇文章选录进去。"这个故事进一步表明鲁迅始终没有忘记这位异国恩师，他对藤野先生有着深厚的崇敬和怀念之情。 ④朗读结课：深情朗读课文最后一段："每当夜间疲倦，正想偷懒时，仰面在灯光中瞥见他黑瘦的面貌，似乎正要说出抑扬顿挫的话来，便使我忽又良心发现，而且增加勇气了，于是点上一枝烟，再继续写些为'正人君子'之流所深恶痛疾的文字。"

朱则光老师的教学理念是：分析，从矛盾开始。他认为，分析就是挖掘和揭示看似统一的事物的根本矛盾，矛盾和差异是分析的

源泉，有了矛盾才能分析。因此，他在教学实践中注重利用还原法，将未经作者处理的原生语义与艺术形象加以对比，揭示出二者的差异，从而创造分析的空间。

朱则光老师教学《藤野先生》一课的主要教学价值取向是：矛盾分析下的情感深层领悟。他以"伟大"为矛盾点和情感聚焦点，一层层还原了藤野先生在那种环境下难能可贵的公正、真诚的崇高人格，还原了作者对藤野先生的真挚感激与敬意。在课堂伊始，朱则光老师便抓住了鲁迅对藤野先生评价中的"伟大"一词进行提问：藤野先生仅仅是一位与鲁迅有短短两年师生情谊的普通日本教师，为什么鲁迅会给予他"伟大"这样高的赞誉呢？由此确定了本节课的主要教学目标——揭示出"伟大"的特殊性，体会藤野先生伟大的人格魅力以及作者对他的深厚情感。之后朱则光老师带领着学生先从鲁迅和藤野先生二人的交往开始探寻，用以下两个问题引领：这篇文章直接描写了鲁迅与藤野先生交往的哪些事情？从中你感受到了一个怎样的藤野先生？学生很容易概括出从"添改讲义""改解剖图""关心实习""了解裹脚"四件事中，感受到一位对工作认真严谨、求真务实，对学生循循善诱、关心备至的藤野先生。但是仅凭这样几件最多是体现优秀教师职业素质的事情，就让鲁迅念念不忘甚至用"伟大"来称颂，是不是有点勉强？于是师生继续深入探究：一个人在什么情况下，最感动于别人的帮助？鲁迅在遇到藤野先生之前处于什么样的境遇？带着这两个问题研读文章前五段，学生会发现，"东京也无非是这样"令鲁迅感到失望和厌恶；到了仙台，鲁迅虽然"颇受了这样的优待"，但这并不是他所需要的。鲁迅远涉重洋是为了寻求先进的学问和思想，正在山重水复疑无路时，藤野先生给了他内心最渴求的帮助——知识、关怀和人格力量。这时候朱则光老师再问学生：可以称其为"伟大"了吗？此时一部分学生可能会点头，朱则光老师继续启发：目前藤野先生对鲁迅的关爱依然是个人对个人的，还没有上升到一定的高度，不足以称之为"伟大"，所以文章没有止笔。大家找找文章还写了哪两件事？接着引导学生分析匿名信事件和看电影事件的用意——不仅仅是导致鲁迅弃医从文的直接原因，更是对藤野先生伟大人格的反面衬托：藤野先生对鲁迅的这种看似没有超出师生情谊的关怀，居然是发生在这样一个他国歧视、自身麻木的时代背景之下，这是多么的难得和珍贵！这种超越民族偏见的关怀体现了一种"真善美"的崇高人格！这样的老师难道不值得用"伟大"来称颂吗？所以当作者与藤野先生分别二十年之后，这段温馨的回忆依然能赋予"我以我血荐轩辕"的鲁迅无穷无尽的力量，使其增加勇气，坚持战斗。学到这里，学生对"伟大"的认知，已经从模糊变得清楚，再变得立体、丰富起来，进而能够深入领悟为什么鲁迅会对藤野先生有着如此高的评价和如此深厚的感情，这是一次对文本"人化"而非"圣化"的解读。但是此课例美中不足的是缺少对作者爱国主义情感的分析与理解，仅仅把作者初到东京和仙台的经历作为藤野先生出场前的铺垫，把"匿名信"事件和"看电影"事件作为藤野先生的反面衬托，忽略了对作者强烈的民族自尊心、深刻的忧国忧民意识的理解与领悟。

二、高冉：文本细读中的语言深入挖掘

高冉，河南省名师，开封市基础教育教研室初中语文教研员，"国培计划"专家库成员，曾荣获河南省教育系统优质课一等奖、河南省五一劳动奖章。其执教的《藤野先生》一课在 2011 年荣获河南省中学语文优质课大赛（初中组）一等奖，现将此课例整理总结如下：

表 4-2　高冉老师执教《藤野先生》课例

教学步骤	教学内容
第一步：激趣导入，明确目标	①导入：1935 年，日本要出版《鲁迅选集》，译者征求鲁迅意见，问选哪些文章才好，鲁迅回答："一切随意，但希望把《藤野先生》选录进去。"这"藤野先生"是谁？为何得到鲁迅如此看重？他们之间有怎样的往事和感情？今天，就让我们一起来学习这一名篇。 ②明确任务："一、感知课文，理清思路；二、品味对话，走进人物；三、深情朗读，理解主题。"
第二步：感知课文，理清思路	①提问：课文中的主要人物是谁？他们之间是何关系？ 明确：一位恩师，二个人物——藤野先生和鲁迅，师生关系。 ②提问：课文用 38 段之长的篇幅，叙述这两个人物之间的往事和真情。这么长的课文我们怎样阅读才能快速理清作者的思路？ 明确：可以从查找故事发生的地点入手。 ③追问：文章写到了哪些地方？ 明确：三处地点——东京、仙台、国内。 ④提问：今天，我们直接到仙台去认识藤野先生。在仙台围绕藤野先生写了哪几件事？ 明确：四件往事——"添改讲义""改解剖图""关心解剖实习""了解裹脚"。

续　表

教学步骤	教学内容
第三步：品味对话，走进人物	①提问：塑造人物形象，往往要用到很多描写方法，本文都用到了哪些描写方法？ 明确：语言、神态、肖像、动作…… ②提问：认识一个人，就要"听其言，观其行"，我们今天通过品味人物对话，走进人物内心。课文中写了几处对话？ 明确：五处对话——第 12-14 段；第 17 段；第 22 段；第 23 段；第 33-34 段。 ③分角色朗读：每对同桌从五次对话中任选一处进行朗读，并且思考这对话表现了作者和藤野先生什么样的情感，然后品味并揣摩为什么这简短的语言描写是精妙的，是只字都不能修改的。最后，发表一下自己的见解。先读，再想，再品，再说。 明确：第一处对话"关心讲义"，表现了藤野先生谦虚、慈爱和关心学生，比较揣摩"我的讲义你能抄下来么"与"你能抄下我的讲义么"的区别，原文的语气更谦虚委婉；第二处对话"改解剖图"，表现了藤野先生对工作的一丝不苟和对学生的严格要求，比较揣摩原文与"这条血管你画错了，现在我给你改好了，以后你要全照着黑板上那样的画"的区别，原文的语气更温和委婉；第三处对话"关心解剖实习"，表现了藤野先生关爱学生、尽职尽责；第四处对话"了解裹脚"，表现了藤野先生探索研究、事实就求的精神；第五处"惜别"，一位善意地说谎，另一位却满怀着遗憾，师生之情尽显文中。（边分析，边揣摩人物心理，进行朗读指导。） ④追问：第 23 段和第 34 段中的"还叹息道""他叹息说"，这两处"叹息"表达的感情有什么区别？ 明确：第 23 段中的"还叹息道"表现了一位治学严谨的老师对未知领域的探索精神——因为不能亲见，所以对于足骨的研究实在是遗憾的。第 34 段的"他叹息说"，表现了藤野先生对倾心关照、格外呵护的中国留学生中途弃学深怀感伤。 ⑤总结：我们品读着这些语言，了解了他们之间的故事，认识了藤野先生。他就是这样一位对工作认真负责，对学生严格要求，还热情诚恳的老师。

教学步骤	教学内容
第四步： 深情朗读， 理解主题	①设疑：鲁迅先生一生接触到的老师绝不止一二，其中比藤野先生学术水平更高的人也会有不少。为什么鲁迅如此感激这位藤野先生？文章还描写了在仙台发生的另外两件事，"匿名信"事件和"看电影"事件，这与藤野先生有关系吗？它们在文中又有什么作用？ 明确：虽然没有直接描写藤野先生，但通过描写其他日本人对中国人的歧视和挑衅，从反面衬托出藤野先生那种超越民族偏见的崇高人格。 ②思考：如果来到仙台学医的不是鲁迅，而是某一位在东京赏樱花、学跳舞、盘着大辫子的留学生，他还会不会感念藤野先生的那种情怀？这里能够看出鲁迅的什么品质？ 明确：不会，源于鲁迅炽热的爱国之情。 ③自由朗读：从课文中找一处能够体现鲁迅深沉爱国之情的片段，有感情朗读。 ④回眸历史，理解情感：1900 年八国联军闯进北京，烧杀抢掠；1901 年清政府苟且偷安，签订了丧权辱国的辛丑条约；1904 年日本和俄国打仗，两个帝国主义国家打仗，可战场却在中国，而我们的清政府却屈辱地宣布中立，任两个帝国主义国家肆意践踏我们的锦绣河山。被帝国主义折磨得千疮百孔的清王朝将目光投向日本，公派留学生到那里去学习，寻求救国救民的道路。但是留学生们完全置国家的命运于不顾，赏樱花，学跳舞，只知享乐。另外日本人也鄙视中国人，哪怕鲁迅考了 60 分，都要被怀疑，被寄匿名信，在课上看电影也是看的杀害中国人的电影。 ⑤朗读第 29 段：带着愤慨，带着鲁迅先生的爱国之情，有感情朗读。进而体会在日本仙台学医的鲁迅为何会弃医从文，放弃了自己最初的理想。 ⑥诵读指导：读出重音和停顿，放慢语速，抬高语调，读出气愤。 （齐读第 29 段） ⑦再谈人物，理解主题：带着鲁迅深沉的爱国情怀，再次回望他所歌颂的藤野先生，你是否有了新的认识？ 明确：因为鲁迅爱国，所以他更感谢藤野先生在特定历史背景下，不偏见、不歧视中国人的伟大人格。回望藤野，我们仿佛看到一座令人仰止的高山，使鲁迅先生在几十年后仍深怀着感谢与感激，带着怀念与尊敬写下了这令人难忘的文字。 ⑧齐读：师生一起朗读课文第 37 段，感受鲁迅的强烈的爱国情感和藤野先生伟大的人格品质。

续 表

教学步骤	教学内容
第五步： 课堂小结， 布置作业	①总结：一堂课小而言之是学文，大而言之是学情。让我们读着这文，记着这人，带着这情，用严谨治学的态度要求自己，以真诚博爱的品质对待他人，遇国家危亡时勇担己任，在民族发展时争做栋梁！ ②作业：二选一：以"难忘的人·难忘的话"为题，运用语言描写进行习作；阅读《〈呐喊〉自序》和《阿长与〈山海经〉》，有感情地朗读喜欢的语段。

《藤野先生》这篇经典散文大约有 4000 字的篇幅，很多教师在进行公开课教学时，会让学生快速概括作者与藤野先生交往的四件往事，简单分析藤野先生的性格，好为后面具体讲述"弃医从文"事件、升华文章主题思想留足时间。虽然这样可以比较完整地呈现这堂课的教学设计，但是藤野先生与鲁迅交谈时那简短又精妙的语言就被淹没在了事件的概括叙述之中，无法将藤野先生这一人物形象鲜活、立体地呈现在学生面前。高冉老师这堂课的设计就十分巧妙，从藤野先生与鲁迅的五处对话入手，将语言描写作为本课的切入点，使得教学成效事半功倍：一是读语言描写就是读长文中的片段，用时少；二是语言描写中的词句较浅显，理解起来比较容易；三是读语言描写不仅能快速把握人物，感受藤野先生的人物形象，还能分析作者的情感，对于理解文本起到推动作用。

高冉老师教学《藤野先生》一课的主要教学价值取向是：文本细读中的语言深入挖掘。他采用"以读代讲"的教学方式，在朗读中结合炼字炼句、对比改写原文的方法，逐步引导学生品味文章语言的精妙以及字里行间充溢的深厚感情。在教学时，高冉老师请每对同桌从文中描写鲁迅与藤野先生的五次对话中任选一处，模仿人物的语气进行分角色朗读，然后揣摩对话中蕴含的丰富情感，再一同品味赏析鲁迅语言文字运用的精妙贴切。在学生朗读第一处对话时，高冉老师引导：藤野先生的那句"我的讲义你能抄下来么"可否改成"你能抄下我的讲义么"？通过让学生对比阅读改变语序后的语句，学生很容易发现藤野先生原本说话的语气更为委婉，更能体现他关心鲁迅学情时的那种和蔼可亲的态度。在讲到第五处鲁迅与藤野先生分别的对话时，高冉老师先让学生揣摩两人此时心境：一位为了避免让老师难过，善意谎称自己要去学生物，先生教的学问还能用得上；一位因学生要放弃医学离开这里而满怀遗憾。然后让同桌二人模仿朗读这段对话，感受藤野先生"叹息"里流露出的真情。之后，为了使学生更加深入地品味人物对话，高冉老师抓住"叹息"一词，让学生思考：藤野先生在了解裹脚时还叹息道，"总要看一看才知道。究竟是怎么一回事呢"？这里的"叹息"与分别时的"叹息"所表达的情感有什么区别？分别表现了藤野先生怎样的品质？通过比较阅读，学生可以发现了解裹脚时的叹息，是源于藤野先生不能亲见、无法了解详情的遗憾，表现了他治学严谨、对学术精益求精的品质；分别时的叹息，是源于藤野先生对得意门生中途离别的深切感伤，对所教医术无用武之地的遗憾，表现了他传授知识不分国界、对学生关怀备至的博大胸怀。高冉老师通过对这五处对话中语言描写的细读教学，使得藤野先生的人物形象和他与鲁迅之间的师生情谊跃然纸上，实现了"长文短教"又不失语文本色的有效实践。另外，高冉老师在教学本文时，将"读"贯穿始终。从开始的同桌合作朗读对话，到感受鲁迅爱国之情的自由朗读，到理解主题思想之后的指导诵读技巧、深情朗读，再到最后的齐声朗读，通过多种方式的行之有效的"读"，将师生的情感一步步推向了高潮！这种学习方式，不仅可以使语文课堂充满生机与语文味，还能够让学生在对文本语言的涵咏体味中实现与作者的心神相通、情感共鸣。

三、郑美玲：品读结合下的有效教学实践

郑美玲，中学语文一级教师，郑州外国语学校初中语文教研组长，被评为全国中语第四届"十佳教改新星"、河南省教学标兵、郑州市第二届名师、郑州市先进教研组长，多次在全国、河南省、郑州市举办的语文优质课大赛中获得一等奖。郑美玲老师在 2007 年河南省语文优质课大赛中执教《藤野先生》这篇课文，并荣获一等奖，现将此课例整理总结如下：

表 4-3 郑美玲老师执教《藤野先生》课例

教学步骤	教学内容
第一步：激趣导入，明确目标	①导入：春有春花，夏有夏花，人的心里也会开花。一些不能忘记的事不能忘记的人，就是心中常开不败的花朵，有一天细细检点慢慢品味，就成了鲁迅先生所说的《朝花夕拾》。今天，我们就跟随鲁迅先生的文笔，细细评点那朵开在鲁迅先生心头的"藤野之花"。②屏显学习目标："1.提取信息，概括事件；2.多角度、多层面地解读人物。"

教学步骤	教学内容
第 二 步：经 典 回 放：鲁迅 老师	①整体感知：用原文回答鲁迅先生为什么时时记起藤野先生？文中着重写了鲁迅和藤野先生交往的哪几件事？ ·提示筛选信息的方法：第一步，寻找相关段落。第二步，提取关键词语。 ·提示概括内容的方法：概括内容要注意两个要素——人物和事件，也就是谁干了什么；注意要紧扣文本，尽量用原文中的词句组合。 明确：第 37 段中"最使我感激""给我鼓励""对于我的热心的希望""不倦的教诲""伟大"，这一段是鲁迅先生情感的升华，也是对藤野先生难以忘怀原因的总结。着重写了"添改讲义""改解剖图""关心实习""了解裹脚"四件事。 ②品读镜头：品读 6-23 段，镜头就是文本中能体现藤野先生品质的典型事件或细节，深情朗读，并用"先生，您 _____ 的行为，让我感受到您 _____ 的品质"与之对话。 示例：我的镜头品读是："原来我的讲义已经从头到末，都用红笔添改过了，不但增加了许多脱漏的地方，连文法的错误，也都一一订正"。这是一处细节描写。先生，您添改讲义的行为，让我感受到您认真负责、一丝不苟的工作态度和关爱弱国学生的品质。 明确：添改讲义——一丝不苟、治学严谨的工作态度和关爱弱国学生的品质；改解剖图——循循善诱、认真负责、关爱学生的品质；关心实习——尊重文化差异、关爱学生的品质；了解裹脚——求真务实的品质。 追问：那我们所感受到的藤野先生的品质是通过什么方法概括出来的呢？ 明确：概括人物形象的方法可以通过分析人物的描写方法＋借助文中对人物的评价（注意用四字词语来概括）。 ③悟读探究：通过品读镜头，就写藤野先生来说已经很完整了。但 1-5 段是写鲁迅见藤野先生之前的所见所闻所感，24-31 段是写匿名信、看电影事件，这些是不是多余之笔？ 明确：第 1-5 段，写清国留学生赏樱花、学跳舞是鲁迅离开东京前往仙台见到藤野先生的缘由；写途经的"日暮里"和"水户"表现作者忧国之情，也是作者学医的主要动机；写仙台医专的职员对他的优待是为下文写藤野先生没有狭隘的民族偏见作正面陪衬。第 24-31 段写日本"爱国青年"寻衅（匿名信事件）是为藤野先生做反面衬托；看电影事件是作者与藤野先生告别的直接原因。

续　表

教学步骤	教学内容
	可以说，藤野先生的出现是鲁迅日本留学生活中为数不多的亮色之一，这也是他对藤野先生念念不忘的原因。另外，这些情节还客观再现了鲁迅的爱国主义感情，再现了鲁迅当时真实的心路历程。所以绝不是多余之笔。 ④朗读：通过有感情朗读集中体现鲁迅情感的第 29 段，深入体会鲁迅的辛酸和愤慨。 ⑤对联小结：如果说藤野先生改讲义等事件体现的是师德，那么这些看似闲笔实则不闲的情节体现的却是人格。 上联：谆谆教诲点点滴滴尽显师德 下联：句句激励朝朝暮暮皆为树人 横批：师恩难忘
第三步：经典再续，师生重逢	写作训练：假使鲁迅与藤野先生阔别 20 年后再次重逢，模仿作者口吻，给藤野先生写一段话，表露作者当时的心迹。 示例 1：先生，您当年能抛开狭隘的民族偏见，对我这个来自弱国的弱民，给予了如此多的关怀，您是我所认为我师之中最使我感激、给我鼓励的一个。对于当年我弃医从文，望您能够谅解。 示例 2：先生，虽然我没有从事医学，但我却在唤醒国民的灵魂，改变他们的精神，这远比医治身体更重要。但是先生，当年您给予我的尊重和关怀，教给我的正直和热忱、严谨和务实，却一直影响着我。师恩难忘！
第四步：课堂总结，拓展延伸	①总结：这节课我们跟随鲁迅先生的文笔，认识了生活俭朴、认真负责、严谨求实、正直热忱、没有民族偏见的藤野先生。藤野先生他就像一朵梅花，不仅烙印在鲁迅心中，也烙印在我们心中。 ②拓展：我们和鲁迅先生一起拾起的是藤野之花，可还有一朵鲁迅之花一直开在我们心头。结合课文，查找资料，探讨鲁迅为什么弃医从文，从而了解鲁迅是一个怎样的人。

《藤野先生》作为鲁迅作品中的经典篇目一直被保留在语文教材中，对于这样一篇篇幅较长、主题深刻的经典散文作品，该如何在一堂课中高效完成授课任务、进行有效的教学实践？郑美玲老师这堂课的设计，删繁就简，回归到了一堂课最初始的原点——让学

生学会什么？所以在课堂伊始，就确定了本节课的学习目标：1. 提取关键信息，简洁概括事件；2. 多角度、多层面地解读人物。这两点也同样是这节课的教学重点和教学难点。这样就使得本堂课的教学思路清晰可见，主要围绕概括鲁迅与藤野先生交往的事件和解读藤野先生人物品质展开。确定了教学内容，再来看教学方法，郑美玲老师应用的教学方法主要是品读法，整节课都以朗读、品析为主。由此可以看出，这堂课的教学价值取向是"品读结合下的有效教学实践"。

课堂分成两大板块："经典回放：鲁迅的老师"和"经典再续：师生重逢"，重点放在第一个板块。这一板块分为三个环节：整体感知、品读镜头、悟读探究。"整体感知"环节主要是为了完成第一个学习目标"训练学生筛选和概括的能力"，这个能力也是做阅读题时重点考查的内容，因此在日常教学中要注重方法的引导和实际的训练，要让学生在做中学，在学中做，这样才不会仅仅是纸上谈兵，才能让学生在课堂上实现文本阅读能力的切实提高。郑美玲老师在这里设计了两个问题："用原文回答鲁迅先生为什么时时记起藤野先生？文中着重写了鲁迅和藤野先生交往的哪几件事？"但是她没有单纯地把问题抛给学生，而是每一步都有方法的提示，比如"筛选信息时要先寻找相关段落，然后提取关键词语"；再如"概括内容时要注意两个要素：人物和事件，也就是谁干了什么，注意要紧扣文本，尽量用原文中的词句组合，养成细读文本的习惯"。教师的这种小提示，无疑是给学生搭建了脚手架，可以帮助学生快速掌握解决问题的方法，无形中提高了课堂的教学效率。"品读镜头"

和"悟读探究"是为了完成第二个学习目标"多角度、多层面地解读人物"而设置的环节。"品读镜头"实际是让学生通过有感情朗读文本、品读细节、赏析语言的方式来分析人物形象，同时让学生自然而然领悟到概括人物形象的方法。在"悟读探究"环节，郑美玲老师提出了这样的问题："1-5 段是写见藤野先生之前的所见所闻所感，24-31 段是写匿名信、看电影事件，这些是不是多余之笔？"这个问题意在引导学生深层次地挖掘人物形象。对于这种开放性的、有价值的探究性问题，学生表现出了极为浓厚的讨论兴趣，课堂上有分歧、有碰撞，才能激发思维的火花，点燃课堂教学的生成之美。第二个板块"经典再续：师生重逢"实则是一个写作训练，假设鲁迅与藤野先生阔别 20 年后再次相见，让学生结合课文主旨，展开合理想象，试着模仿鲁迅的口吻，给藤野先生写一段话。这个写作训练可以说是对整堂课的一个总结和升华，从"读"到"思"到"品"到"悟"，再到"写"，整堂课不仅注重了"效率"，还让学生收获了"效益"，这是一堂行之有效、卓有成效的语文课！

四、余映潮：深入浅出中思想主题探寻

余映潮，著名语文特级教师，教育部"国培计划"首批培训专家之一，被誉为"中青年语文教师课堂学艺术研究的领军人物"。他打破了传统的教学模式，创立全新的"板块式"教学模式，即将一堂课的教学内容或者文本中包含的知识点进行重新整理组合，最终以板块状呈现教学活动。这样使课堂任务清晰明确，课堂环节一目了然，师生能有序地完成教学计划。《藤野先生》一文是余映潮老师在 2018 年执教过的篇目，现将此课例整理总结如下：

表 4-4　余映潮老师执教《藤野先生》课例

教学步骤	教学内容
第一步：温故知新，导入新课	①提问：一个人的成长离不开社会与他人的因素，而老师又是其中很重要的角色。大家所熟悉的鲁迅先生也是这样。我们学过鲁迅先生的《从百草园到三味书屋》，还记得三味书屋中老先生的名字吗？ 明确：寿镜吾。 ②导入：今天，我们再通过鲁迅先生的文字一起认识一下鲁迅先生的另一位老师藤野先生，去看看这位洋老师给了鲁迅怎样的印象和影响。
第二步：概括事件，分类品悟	①概括：一边细读课文，一边找出课文中所写的事件，并用简洁的语言概括出来。 明确：学生概括了14件：1清国留学生的辫子很标致、2清国留学生学跳舞、3鲁迅在仙台受到优待、4初见藤野先生、5留级生介绍藤野先生、6添改讲义、7改解剖图、8担心鲁迅实习怕鬼、9询问裹脚、10匿名信事件、11看电影事件、12与藤野先生惜别、13回忆藤野先生、14丢失讲义。 ②分类：根据这14件事与刻画人物的关系，分为三类，并分别说说不同类别事例的作用。 明确：第一类写藤野先生其人，直接为刻画人物服务——第4-9件事，其中第4件事属于外貌描写，刻画了藤野先生的学者形象；第5件事属于侧面描写，耳闻藤野先生的逸事；第6-9件事属于正面描写，刻画藤野先生的极具特色的四个典型事件，准确、传神地刻画了一位治学严谨、做事认真、关心学生、毫无民族偏见的良师形象。 第二类写作者离开藤野先生及对藤野先生的怀念、感激之情——第12-14件事，从这一类事件可以看出，叙事不仅是为刻画人物服务，还可以饱含深情，抒发情感，从而直奔主题，使主题含蓄深刻而又令人回味无穷。 第三类写与藤野先生无关的闲笔——第1-3件事，解释见藤野先生的原因；第10-11件事，讲清惜别藤野先生的原因，也是作者弃医从文的原因。

续　表

教学步骤	教学内容
	③介绍背景：鲁迅于 1902 年被公派留日就读东京弘文学院学习，由于他看清了洋务运动维护清朝统治的实质，故离开东京前往仙台学医。鲁迅学医，既是因为想促进国人对于维新的信仰，又是因为对洋务运动的失望。而后弃医从文则是因为发现救助国人的灵魂比救助国人的身体更为重要。否则"尽管体格健壮，也只能作毫无意义的示众的材料和看客"。所以鲁迅求医是因为爱国，弃医从文更是因为爱国！令鲁迅弃医从文的直接原因即为文中提到的看电影事件。这也是写第三类事件的作用。
第三步：理清线索，探究主题	①思考：文本的线索是什么？ 明确：两条线索，明线是鲁迅与藤野先生的交往，暗线是鲁迅的爱国主义情感。 追问：写藤野先生与写爱国是否冲突？二者有无交点？ 明确：不冲突，因爱国而学医，因学医而见藤野先生，因爱国而弃医，因弃医而别藤野先生。写学医弃医，表达对藤野先生的感激怀念之情，也更深刻含蓄地表现出鲁迅赤诚的爱国之情。 ②概括：结合事件，概括藤野先生的品质和鲁迅的思想历程。 明确：藤野先生是一位有高深学问，严谨认真，外表质朴，富有人情味，尊重人，有平等意识，关心异国青年的良师。 鲁迅从寻求希望，转为失望，学医救人，弃医从文，继续战斗。 ③总结：本文是一篇以写人物为主的散文，生动形象地记述了一位正直热诚的日本学者如何对待自己的教学工作以及耐心地对待一个异国学生，表达了作者对藤野先生的怀念和佩服之情；并深刻写出作者自己思想历程上的重要选择，表达了浓厚的爱国情感。时隔 20 年，作者仍"时时记起他"，足见藤野先生对他的人生的影响之大。一位优秀的教师就像一盏不灭的灯，会长久的照耀着人们，给人以精神和力量！

余映潮老师执教《藤野先生》用了两个课时，本文主要研究其第二课时的教学实录。这堂课的教学重点是让学生抓住典型事件，学习刻画人物的方法，体会作者对恩师的感激之情及浓厚的爱国情感。在教学中，余映潮老师把教学活动的主动权更多地交给学生，

改变以往那种教师从头讲到尾、逐字逐句分析的僵化教学模式，让学生有充分的自主阅读时间去感知文本、把握内容，从而形成自己独特的阅读感受和理解品悟。他先指导学生根据课文内容提炼概括出 14 个事件，再让学生根据事件与刻画人物的关系，把 14 个事件分为三大类——直接刻画藤野先生其人的事件、与藤野先生惜别及表达对他的怀念之情的事件、与藤野先生无关的事件，并让学生思考不同事件的作用。在学生分析每一类事件时，余映潮老师都穿插着写作手法的指导和文章写作背景的介绍，做到了读写结合，从而使学生明白所写事件与刻画主题之间的关系，更好地帮助学生理解鲁迅写作本文的真正缘由以及他的思想历程。最后通过"写藤野先生与写爱国是否冲突？"这一问题，让同学们在讨论中进一步明确课文的两条线索——明线是鲁迅与藤野先生的交往，暗线是鲁迅的爱国主义情感，作者表达对藤野先生的感激怀念之情，也是在更深刻含蓄地表达鲁迅赤诚的爱国之情。在这堂课中，余映潮老师没有为了使学生快速领悟文章暗含的爱国主题，让其直接去文中寻找体现鲁迅爱国情怀的语句，而是转向典型事件的分析，从事件的作用尤其是写那些闲笔的目的，启发学生思考鲁迅选择学医又弃医的背后，支撑他的正是"爱国"二字！从事件的分析过渡到主题的理解，这种深入浅出、的教学方式大大降低了学生理解此文的难度，调动了学生主动思考的积极性，激发了学生的探究意识。

余映潮老师这堂课的教学价值取向是"深入浅出中思想主题探寻"，也就是通过"长文短教、难文易教"的方式来进行教学，让学生不至于被篇幅较长、主题较深的文章弄得疲惫不堪，而是在潜移默化中乐于阅读、乐于思考。"长文短教"不等于只抓一点、忽视全面，而是以点带面、点面结合，十分考验语文教师的文本解读能力和教学设计能力，需要做到精选教学内容，突出教学重点。余映潮老师在教学《藤野先生》一文时，抓住了文章的重点也就是文中的 14 个典型事例，指导学生通过分类品析的方式理清了全文的脉络，精炼、高效、有用地实现了长文短教。"难文易教"不是马马虎虎地教，不是如过眼云烟的教，而是由浅及深、从易到难、从微言看大义，让学生真正学有所获的教。"难文易教"的方式也有很多种，比如"巧借东风""变讲为读""打擦边球"[1] 等。余映潮老师在《藤野先生》的教学中，从概括事件、事件分类，到分析不同类别事件的作用，再到求医弃医与爱国的关系，巧设并巧解了线索的悬念（两条线索），使学生明白了文章主题的明暗相辅，进而化难为易。而且，从学生自发对线索问题的主动探讨和获得解答后的恍然大悟，可以看出这篇课文的"难文易教"收到了预期的教学效果。

第二节　小说《孔乙己》

《部编版九年级下册语文教师教学用书（2020 年）》的课文研讨中提到："在《孔乙己》这篇经典作品中，鲁迅先生以极俭省的笔墨和典型的生活细节，塑造了孔乙己这位被抛弃于社会底层，最终被强大的黑暗势力所吞没的苦人形象。孔乙己那可怜又可笑的个性特

---

① 余映潮 . 阅读教学艺术 50 讲 [M]. 陕西：陕西师范大学出版社 ,2005.

征以及'大约的确死了'的悲惨结局，既是旧中国下层知识分子悲惨命运的生动写照，又是中国封建传统文化氛围'吃人'本质的具体表现。"①

《孔乙己》以鲁镇的咸亨酒店为背景，以酒店小伙计的口吻，叙述了自视清高却受人欺凌的困窘书生孔乙己的悲剧命运，用2607个字道尽了"一般社会对于苦人的凉薄"。文章开头先介绍了咸亨酒店的格局和顾客的身份，用寥寥几笔交代了故事发生的背景和特定环境；然后开始介绍孔乙己——"是站着喝酒而穿长衫的唯一的人"，描述了他的身份、地位、言行、性格，以及被其他酒客玩弄嘲笑的场景，这是小说情节的发展；之后孔乙己因偷窃被丁举人打折了腿，这是描写孔乙己不幸遭遇的高潮部分，"在旁人的说笑声中，坐着用这手慢慢走去了"；从此以后，再也未见孔乙己，作者用"大约孔乙己的确死了"来结束全文。此文言简而意丰，用喜剧的气氛刻画了悲剧的结局，让人"笑"中含"泪"，"泪"后引发无限的深思。

为了让学生理解小说所隐含的深刻的批判性，以及作者"哀其不幸怒其不争"的思想情感，一方面，教师可以引导学生分析品读文中的关键语句，例如小说中有四处写到众人的哄笑：一处是第4段，一处是第6段，一处是第8段，一处是第11段，他们专以揭开孔乙己心灵的伤疤为乐，表现了其麻木不仁、冷漠自私的可悲人性；但更可悲的是他们意识不到自己与孔乙己一样，都在封建社会

---

① 部编版九年级下册语文教师教学用书（2020年）[M]. 北京：人民教育出版社，2020.

中处于倍受压迫的社会底层。可见孔乙己的悲剧不是某一个人的悲剧，而是整个社会的悲剧，作品彰显了作者反封建的深刻思想。另一方面，小说生动形象地从多个不同的角度刻画了孔乙己这一丰满的人物形象，教师要引导学生根据自己的阅读体验，深入分析和思考人物可怜可笑又可悲的性格内涵，鼓励学生分享自己独到的见解和感悟。

一、黄厚江《孔乙己》：本色语文里的语言运用训练

黄厚江，江苏省语文特级教师，全国优秀语文教师，国标本苏教版初中语文教材主要编写者，苏州大学硕士生导师。他倡导"本色语文"和"语文共生教学"，出版的专著有《语文的的原点——本色语文的主张和实践》《享受语文课堂》《还课堂语文本色》等。《孔乙己》是黄厚江老师在 2009 年全国第二届初中语文名师精品课堂上执教的篇目，现将此课例整理总结如下：

表 4-5 黄厚江老师执教《孔乙己》课例

教学步骤	教学内容
第一步："找手"	①提问：鲁迅曾说，要极省俭地描绘一个典型人物，最好的方式是画他的眼睛，那么孔乙己这一人物形象令你印象最深的是哪一点？ 明确：肖像、动作、语言……老师印象最深的是作者别出心裁地花了很多笔墨来描写孔乙己的手。 ②找一找：作者主要从哪些方面写了孔乙己的手？ 明确：从外形和动作两个方面来写他的"手"，以动作描写为主。

教学步骤	教学内容
第二步： "圈手"	①圈注：写了"手"的哪些动作？ 明确："排——敲——伸开——罩——摸——走"。 ②提问：最能表现孔乙己人物个性的是哪个动作？ 明确："排"与"摸"两个动作，表现出孔乙己有钱时炫耀显摆、自命清高，没钱时窘迫自卑的性格特征，在对比中看清了人物个性。 ③提问：从其个性和性格来讲，哪个动作最形象？ 明确："罩"，表现孔乙己的吝啬，怕孩子们把豆吃光。但同时也看到了孔乙己身上可贵的一面，他没什么钱，茴香豆也不多，但是依然善良地主动把茴香豆分给孩子们吃。 ④提问：最能映射出人物悲剧命运的是哪一个动作？ 明确："走"这一动作,表现出孔乙己被打折腿之后只能用两手"走"过来的悲剧命运,用畸形的动作映射出了一个畸形的社会。 追问：改成"爬"可以吗？ 明确：不行，"爬"是手脚并用，身体匍匐前进，而此时孔乙己被打断了腿，只能用手。
第三步： "写手"	①扩写：小说里还有哪些地方可以写"手"？请结合孔乙己的性格特点以及当时的社会环境，补充上自己的描写。 示例："教伙计写字时，他长长的指甲在空中一划，但是，看到小伙计一脸不屑，又僵在了空中，然后无力地垂了下来。" ②提问：文章末段的"大约"和"的确"矛盾吗？ 明确：不矛盾。"大约"是猜想，因为没有人看到他究竟有没有死；"的确"是必然结果，在那种社会下他又被打折了腿不可能活下去。 ③补写：如果亲眼看到孔乙己"死"的场景，你觉得他的"手"会是什么样子的？请结合自己的想象，写一两句话。 示例："人们发现他时，他已经在寒风中冻僵了，他的蜷曲的身子像一个大大的问号，也像一个圆。两只手，一只手紧紧地攥着破碗，一只手紧紧地攥着……" 追问：想象一下，孔乙己手里攥着什么？ 明确：可能是一本破书，在生命的最后一刻也要保有读书人的尊严。

续　表

教学步骤	教学内容
第四步："论手"	①提问：这双手折射出底层人民的悲惨命运，那么你认为是什么原因导致的呢？ 明确：封建社会的黑暗、科举制度的毒害、人性的冷漠、自身的惰性和清高。 ②提问：孔乙己有没有办法避免这场悲剧？ 补充：《范进中举》里的范进，后来成为了丁举人那样的人；蒲松龄一直参加科举考试，考到71岁朝廷才赏给他一个贡生，他虽然一直失败，但没有因为梦想破灭而被打倒，而是一直搜集素材写成了《聊斋志异》。 明确：这说明，人只要能走出那个破灭的梦想，人生就会开辟出另一条出路，所以孔乙己在当时那个社会背景下，也是有可能通过自身努力改变命运的。
第五步：总结延伸	①总结：鲁迅先生讲塑造典型人物需要"画眼睛"，这里不是指具体的眼睛，而是能体现人物特征的东西。 ②延伸：如果接着学《孔乙己》，应该继续探讨什么？ 明确：社会背景、其他人物形象等等。

　　黄厚江老师的教育理念是本色语文，在他看来真正的语文课的核心是语言，主体是语文活动，目的是提升学生的语文综合素养。他提倡把语文课堂回归本真，把语文课上成语文课，用语文的方法教语文。因此，他在教学实践中注重根据语文学科的特点进行"教"和"学"，培养学生听、说、读、写、思的语文综合能力。

　　黄厚江老师教学《孔乙己》一课的主要教学价值取向是：本色语文里的语言运用训练。他在教学中引导学生从文本语言出发，分析品鉴经常被人们忽视的细微之处，通过展开想象补充文字，逐步使孔乙己这个落魄的文人形象慢慢地丰实和深刻起来。另外，黄厚江老师认为，在小说教学中，情节、环境、人物都是要关注的，但三分天下、按部就班是比较蠢的、效率低下的教学方法。所以他在教学《孔乙己》一文时，没有面面俱到地兼顾小说中的人物、情节、环境三个要素，而是选择了一个精准细微的切入口——孔乙己的"手"，以"手"的描写作为贯穿整节课的线索，将人物的性格、遭遇以及文章主题一一呈现出来。首先是"找手"，让学生从小说中找一找哪些地方写了孔乙己的"手"，这一步相当于"读"，学生在"找"的过程中便通读了全文，对文章的内容能够有一个大体的把握。然后是"圈手"，圈出最能体现人物个性的"手"的动作，这一步相当于"炼"，学生通过对"排、罩、摸、走"等关键动词的品读赏析，能够感受到文本语言背后所传达的丰富内涵和独特魅力，进而加深对孔乙己人物形象的理解。接下来是"写手"，黄厚江老师让学生找一找哪个地方还可以写孔乙己的"手"，尝试找一处写一句。在学生完成自己的写作并且相互交流之后，黄厚江老师又让学生们想象补写孔乙己死后的"手"又会是什么样子。这一步是对"读"和"炼"的深化，是想象力和思维力的培养，是语言表达能力的训练，也是学生言语智慧的展示。黄厚江老师深知落实到笔头的语言和口头表达的语言是不一样的，写作是学生思考、组织语言的过程，也是训练学生语言实践的重要方式，于是他把写作教学放到了课堂之上，这也体现了他"用语文的方法教语文"的教学追求。最后是"论手"，这双手折射出孔乙己怎样的悲剧命运？是谁把他推向了死亡的深渊？他有没有办法改变自己的命运？这一连串的追问，将学生的思维进一步引向深入，进而一同探究孔乙己悲剧命运的根源——封建社会的黑暗、科举制度的毒害、人性的冷漠……可见，在本节课的教学中，学生对孔乙己的认识、对文章主题的理解，并不是教师分条缕析教授给他们的，而是在具体的文本解读中，在对语言的揣摩分析中，在听说读写思的综合训练中，学生慢慢品尝到了文字的醇正之味，从而有了自己生动鲜活的体悟。

二、余映潮：板块教学中的比读阅读训练

余映潮，著名语文特级教师，教育部"国培计划"首批培训专家之一，被誉为"中青年语文教师课堂学艺术研究的领军人物"。他打破了传统的教学模式，创立全新的"板块式"教学模式，即将一堂课的教学内容或者文本中包含的知识点进行重新整理组合，最终以板块状呈现教学活动。这样使课堂任务清晰明确，课堂环节一目了然，师生能有序地完成教学计划。《孔乙己》一文是余映潮老师在 2012 年执教过的篇目，现将此课例整理总结如下：

表4-6　余映潮老师执教《孔乙己》课例

教学步骤	教学内容
第一步： 文意理解	①谈感受：让学生说说自己阅读《孔乙己》的初步感受。 明确：感受到了社会炎凉、群众麻木、科举罪恶，体会到孔乙己是一个可有可无的人……（教师根据学生的回答，对其语言表达的完整性、口语化和概括力进行评价指导） ②补充介绍：《孔乙己》是 20 世纪文学史上最经典的短篇小说之一，也是鲁迅最喜爱、最满意的作品之一，他创作此文，意在描写"社会对于苦人的凉薄"。 ③赏析：通过温故知新的方式，对《孔乙己》一文运用的写作手法进行鉴赏。 ·儿童视角：《孔乙己》是运用"儿童视角"来编排故事、塑造人物的小说。小说以咸亨酒店小伙计的口吻，讲述他眼中的孔乙己的凄惨遭遇。之前学过的《最后一课》《社戏》《我的叔叔于勒》等等都是运用"儿童视角"。

教学步骤	教学内容
	· 场景设置:《孔乙己》巧妙地进行"场景设置",在"咸亨酒店"让孔乙己"出场""退场",在这个场景里集中地表现人物、叙述故事。《最后一课》的场景是"教室",《社戏》的场景是"船上"。 · 虚实相生:《孔乙己》运用了"虚实相生"的手法表现文中的重要人物——孔乙己和丁举人,文中对丁举人的描写就是虚写,对孔乙己的叙述主要是实写,也有虚写的内容,如听人说。 · 描写角度:《孔乙己》从丰富深刻的"角度"叙写了孔乙己的故事,例如对他与酒店的关系,对他的"偷"的描写、"手"的描写、"脸色"的描写,对众人"哄笑"的描写……小说突出地从三个角度表现了孔乙己的人物特征——长衫、语言、手,其中长衫是一种身份的象征,语言直接呈现人物的文化背景,手在不同阶段的功用隐喻孔乙己的人生命运。
第二步: 课中比读	①介绍"课中比读":鲁迅先生的文章,有不少是可以用"课中比读"的方法来进行品读欣赏。如《从百草园草三味书屋》《雪》《故乡》《闰土》等。百草园与三味书屋对比,南方的雪与北方的雪对比,故乡的从前和今天对比,少年闰土和成年闰土对比……《孔乙己》同样能够这样。 ②分析:通过第4段和第11段中孔乙己"出场"和"退场"时动作、外貌、语言、心理等方面的对比,感受孔乙己的变化。 明确: · 动作:之前是在酒店里站着喝酒,排出九文大钱,要两碗酒和一碟茴香豆;现在腿断了,盘着双腿,用手坐着走,在酒店门槛外边喝酒,摸出四文大钱,只要一碗酒。表明孔乙己身体残疾了,生活更加困窘。 · 外貌:之前是一个正常人,身材高大,青白脸色,皱纹间时常夹些伤痕,乱蓬蓬的花白的胡子,穿的虽然是长衫,可是又脏又破;现在被打断腿残疾了,脸上黑而且瘦,已经不成样子,穿一件破夹袄,满手是泥。表明孔乙己的生活更加贫穷落魄。 · 语言:之前会与掌柜聊天,反驳酒客们凭空污人清白,争辩窃书不算偷;现在低声恳求,不要取笑,一话不说就走。表明孔乙己的心理防线已经崩塌,没有尊严了。 · 心理:之前看不起短衣帮,有读书人的清高,欲上不能、欲下不甘;现在已经不做反抗,身心都遭到了严重摧残。

续 表

教学步骤	教学内容
	③提问：第11段开头为何要关注天气的内容？ 明确：通过环境描写增加悲凉的气氛，用小伙计换上棉袄衬托下文孔乙己只能穿着破夹袄的苦楚；也暗示天气冷了，孔乙己深知自己时日无多了，想来喝最后一碗酒。 ④小结：时令、语言、语气、动作、形貌、姿态、酒量、钱数、手的用途……前后的对比，说明孔乙己的精神和肉体都受到了巨大摧残，激起了人们的思索：孔乙己的悲惨命运也许是个人原因，也许是社会原因。 ⑤反思：同学们对孔乙己的变化阐述得很好，唯一不足的是手的用途阐述得不够到位。写字的手、读书的手、喝酒的手、数钱的手、被吊起来的手、爬走的手……写尽了孔乙己的性格命运变化。
第三步：学习小结	总结："比读"是一种优秀的阅读方法，有"比读"必有"反复"，有"比读"必有"细节"，有"比读"必有"深入"，"比读"既能训练阅读的能力，也能培养思维能力。

余映潮老师是"板块式教学"的提出者，"板块式教学"是将一节课的教学内容或教学活动按"块"状呈现，从而使教学重点更清晰，教学程式更有序，教学活动更充分，教学内容更优化。

在教学《孔乙己》的这堂公开课上，余映潮老师就用了典型的"板块式教学"，将课堂分为：文意理解、课中比读、学习小结三个板块。在前两个板块的教学中，余映潮老师想重点呈现的就是阅读方法的介绍和学习。在"文意理解"板块，余映潮老师先给学生独立思考的空间，谈谈自己阅读《孔乙己》的初步感受。这一环节意在让学生通过亲自接触文本，获得独特的、个性化的阅读感悟，同时，余映潮老师尊重学生的主体地位，多次对学生的独到见解表示赞扬与鼓励，真正做到把新课标所提倡的"学生自主学习"落到实处。接着，余映潮老师引入了小说鉴赏的几个常用角度："儿童视角""场景设置""描写角度"等，并结合学生之前学过的课文《最后一课》《社戏》以及《孔乙己》的文章内容进行了举例说明。这种举一反三、触类旁通的教学方式，真正做到了用小说的方式教小说，极大调动了学生的学习积极性和主动性，对提高学生的小说阅读鉴赏能力也大有裨益。在"课中比读"板块，余映潮老师很好地践行了他的"比读教学法"，引导学生通过反复研读第4段和第11段描写孔乙己出场、退场的语段，就其动作、外貌、语言、心理等发生较大变化的地方逐一对比分析，让学生从孔乙己的变化中更深刻地把握人物形象，深化学生对文本的理解，进而激发学生对孔乙己精神上、肉体上都受到巨大摧残的悲剧命运的思索。在这过程中，余映潮老师给学生留足分析、思考的时间，指导学生找出对比点要动笔勾画，并及时批注自己的见解。同时，鼓励学生各自表达、畅所欲言，始终让学生作为课堂参与的主体，把新课标提倡的自主学习理念落实到课堂实践中。从学生的课堂表现来看，在"课中比读"这个环节有十多位学生发言，可见学生能积极参与到教学活动中来，踊跃发言，同时也反映出学生在多次的对比研读中对文本有了更为深入的理解。由此可见，"比读教学法"是一种优秀的阅读方法，既训练了学生的阅读鉴赏能力，又能提升学生的感知力和思维能力。学生在日后的阅读过程中遇到相似文本时，会根据这节课所学的"课中比读"的阅读方法，结合文本内容提取可比较之处，通过细读、对比、分析的方式对文章进行鉴赏品读。但是，笔者认为这堂课依然存在不足之处：学生在对孔乙己出场和退场的状态精心"比读"之后，情感上肯定会发生微妙的变化，老师这是应该适时加以引导进行深入探究——孔乙己的这种变化和悲惨命运是由什么原因导致的？余映潮老师在这里仅仅说了句"思索孔乙己的命运及命运告诉我们的道理，也许就是个人原因，也许是社会原因"，没有相应的总结和深入。也许是因为课堂时长的因素，但这种戛然而止的处理方式不免给人遗憾之感，有种"有头无尾"的失重感。

三、饶美红：模块教学下的主题深入解读

饶美红，中学语文高级教师，杭州市建兰中学校长，曾获"中语杯"全国中青年教师课堂教学大赛一等奖、杭州市初中语文优质课评比一等奖，课题获浙江省"十一五"优秀成果评选一等奖。先后在"千课万人"全国课堂教学研讨会、中国杭州名师名校长论坛·名师风采及《杭州日报》举办的经典课堂活动中上展示课。其执教的《孔乙己》曾在 2012 年获得全国鲁迅作品课程教学银奖，现将此课例整理总结如下：

表 4-7 饶美红老师执教《孔乙己》课例

教学步骤	教学内容
第一步：设置悬念，导入新课	导入：鲁迅好友孙伏园回忆："鲁迅先生说，在他创作的短篇小说中，他最喜欢《孔乙己》。"他为什么最喜欢孔乙己，孔乙己究竟是一个怎样的艺术形象？今天就让我们一起走近孔乙己。 ①提问：孔乙己留在你脑海里最深刻的画面或者说最深刻的语言、动作是什么？ 明确：站着喝酒和穿长衫的唯一的人、满口之乎者也、给孩子们吃茴香豆、窃书不能算偷…… ②依据学生回答提问：从孔乙己给孩子吃茴香豆的情景，你感受到了什么？

教学步骤	教学内容
第二步：初品孔乙己，一个被侮辱、被损害的读书人	明确：这是文中唯一能让人感到温馨的地方，感受到了孔乙己的善良。 ③依据学生回答提问："窃"和"偷"意思一样吗？ 明确：意思是一样的，只不过"偷"是口头语，"窃"是书面语。 追问：孔乙己知道两者意思一样吗？他为什么还要这样说？ 明确：知道，人们用口头语"偷"来嘲笑孔乙己，孔乙己为了辩解而用书面语"窃"，故意在字面上做文章，表现出孔乙己这个没落封建文人的迂腐、可悲。 ④屏显：一些年长的人和一些与老师同时代的人，对孔乙己印象最深的经典画面。（与学生的回答不谋而合） ⑤提问：你认为孔乙己是一个什么样的人？ 明确：读书人。 追问：怎样的读书人？ 明确：可笑的、迂腐的、善良的…… ④总结：李欧梵先生认为孔乙己是历史转折时期、落后于时代的、固守着过去价值观的、被侮辱被损害的读书人。 追问：在你们的印象中，读书人的社会地位是如何的？ 明确：万般皆下品，唯有读书高。
第三步：再品孔乙己，一个有着悲剧性格的边缘人	①提问：假如回到孔乙己那个年代，你能在咸亨酒店众多的酒客中，一眼就认出哪个是孔乙己吗？请根据文中的话说出理由。 明确：可以，他是站着喝酒而穿长衫的唯一的人。 ②追问：为什么说他是唯一的？ 明确：站着喝酒的是短衣帮，而穿长衫的是要踱进店面隔壁的房子里，要酒要菜，慢慢地坐喝的。孔乙己既不属于短衣帮，又不属于穿长衫的主顾。 ③追问：他为什么成为不了长衫主顾和短衣帮？ 明确：因为孔乙己太穷了，无法踱进店面隔壁的房子里，要酒要菜，慢慢坐着喝，所以他成不了长衫主顾；而他又不愿意脱下长衫与短衣帮为伍，看不起劳动人民，自视清高，放不下读书人的架子。孔乙己欲上不能，欲下不甘，成为与这个社会格格不入的孤独的边缘人。

续　表

教学步骤	教学内容
第四步：三品孔乙己，一个贫贱而悲惨的"多余人"	①提问：孔乙己这样一个不属于任何群体的边缘人，是否跟别人没有任何关联了？ 明确："孔乙己是这样的使人快活"，说明他还是和别人有关联的。 ②追问：文中"这样"的具体表现是什么？ 明确：孔乙己一到店，所有喝酒的人便都看着他笑，嘲笑他满口之乎者也却考不上秀才，嘲笑他偷窃被打，嘲笑他迂腐没落、贫困窘迫。 ③追问：如果我们站在酒客的角度，会觉得孔乙己是可笑的。但如果从孔乙己的角度去想，会发现这一切对他个人来说都是心中永远的痛。那为什么每一次店内外都充满了快活的空气？ 明确：说明当时社会的冷漠，人们的快乐是建立在孔乙己的痛苦之上的，他们在玩味、欣赏别人的苦难。孔乙己自认为是一个读书人、有身份的人，可他的一举一动却成为人们无聊生活中的笑料。 ④提问：更辛酸的是"可是没有他，别人也便这么过"，这句话有什么言外之意？从文章中找对应语句。 明确：说明孔乙己是一个可有可无的人。 ·掌柜说：'孔乙己长久没有来了。还欠十九个钱呢！'我才也觉得他的确长久没有来了。"只有当掌柜提到孔乙己欠钱未还时，小伙计才意识到孔乙己长久没来了，"十九个钱"成为了孔乙己的代名词，作为他曾经存在过的唯一证据。当这十九个钱从粉板上抹去时，"孔乙己"这个卑微的名字便永远从冷漠残酷的社会消失了。 ·"谁晓得？许是死了。"（进行分角色朗读）掌柜漫不经心地问，酒客毫不在意地答，这种刻意为之的"轻描淡写"更加强了悲剧的效果。一个小小的举人在那时可以草菅人命，而没有一个人去阻止，他们都只是旁观，或者说在看戏，戏中谁死谁活与我何干？漠视像习惯一般存在，再装着没事人一样，然后再看戏。人与人之间冷漠、隔膜、麻木到了触目惊心、令人寒心的地步！ ⑤提问：文章最后"大约孔乙己的确死了"，孔乙己到底死了没有？请从文章中找到依据。 明确：孔乙己死了。原因如下：前文说孔乙己品行好，从不拖欠，但现在一两年过去了，还欠十九个钱；被打折了腿，无法谋生，天气也越来越冷；脱下了象征尊严的长衫，而且面对别人的嘲笑不再争辩，心已经死了；孔乙己如此好酒，如果没死，爬也要爬来喝酒。

教学步骤	教学内容
	⑥追问：如果我们再到咸亨酒店去找那个标志性的孔乙己，还能找到吗？ 明确：找不到了，孔乙己此时已被迫脱下长衫，换上了短衣帮的"破夹袄"，他先前塑造的那一个高大的形象已倒塌，这是一个人精神的萎缩。 ⑦总结：鲁迅先生让他最后一次出场也没有归属，他始终是一个处于社会边缘的可怜的读书人。所以著名作家刘再复认为："孔乙己是贫贱而悲惨的'多余人'，失去人的尊严与资格，被社会所耻的下层知识分子。" 所以"大约"印证了"可是没有他，别人也便这么过"，说明没有人去关心他，体现了社会的冷漠；而刚刚找出来的种种迹象表明孔乙己的确死了，"的确"一词表现了孔乙己死亡的必然，让我们彻底地感受到了社会的凄凉。
第五步： 走进孔乙己，一个遭社会凉薄的苦人	①提问：是谁杀死了孔乙己？ 明确：科举制度、自身性格、冷漠的社会，尤其是冷漠的看客们。鲁迅先生在《我之节烈观》中写道："中国的看客是无主名无意识的杀人团。" ②追问：鲁迅是怎样让孔乙己从人们的视线中逐渐消失的？ 明确：（生齐读）"他从破衣袋里摸出四文大钱……便又在旁人的说笑声中，坐着用这手慢慢走去了。" ③补充：著名作家余华在《内心之死》中说："当读到这段文字时，有一种'子弹穿过身体的迅疾'的感觉。鲁迅先生省略了孔乙己最初几次来到酒店的描述，当他的腿被打断后，才开始写他到来的方式，于是我们读到了文学叙述中的绝唱：用手走路的人，一个非人！这幅图景是整篇小说的灵魂，孔乙己留给我们的是用手支撑着身体走出门的背影，背影后是自顾自谈笑着的人们。" ④思考：鲁迅为什么要塑造一个处于社会边缘的遭社会凉薄的孔乙己形象？ 明确：揭露并批判一般社会对于苦人的凉薄，希望改变国民精神。鲁迅在日本留学的时候，就经常和友人许寿裳一起探索"中国民族中最缺乏的是什么"的问题，他们当时得出的结论是："我们民族最缺乏的东西是诚和爱。"在鲁迅先生看来，这种爱的缺乏，往往表现为一般群众精神的麻木，对不幸者采取冷漠的旁观的态度。

续　表

教学步骤	教学内容
	《孔乙己》完成了他的揭露并批判一般社会对于苦人的凉薄的写作意图。另外鲁迅在《〈呐喊〉自序》中写道："凡是愚弱的国民，即使体格如何健全，如何茁壮，也只能做毫无意义的示众的材料和看客，病死多少是不必以为不幸的。所以我们的第一要著，是在改变他们的精神……"

饶美红老师执教的《孔乙己》一课，突破了以往经典作品教学因循守旧的僵化模式，一改传统教学中逐层分析段意来解析文本的方法，这堂课围绕"孔乙己是一个怎样的人？"这一主问题开展多模块的主题教学，每一模块的设置都旨在突出孔乙己的人物形象，在不动声色中逐步靠近、挖掘作品的思想主旨，展现了饶美红老师独到的教学策略。

课堂伊始，饶美红老师引用鲁迅对《孔乙己》的评价，导入"孔乙己究竟是一个怎样的艺术形象？"这个问题也交代了本堂课的主要教学内容和教学重点——探究孔乙己的艺术形象。在"初品孔乙己"模块，饶美红老师提出了一个开放性问题："孔乙己留在你脑海里最深刻的画面或者说最深刻的语言、动作是什么？"这一问题是建立在布置学生课前预习的基础上的，考查学生对小说内容的整体感知能力及概括总结能力。当有学生回答对孔乙己给孩子们吃茴香豆的情景记忆深刻时，饶美红老师索性让学生配上动作有感情朗读此段并给予指导，这不仅增加了课堂的趣味性，培养了学生的想象力和朗读能力，还把"孔乙己是一个怎样的人"这一主问题由隐性转为显性，并外化于课堂之中。"再品孔乙己"模块设置的问题是："假如回到孔乙己那个年代，你能一眼就认出哪个是孔乙己吗？"通过孔乙己是"站着喝酒而穿长衫的唯一的人"，揭示孔乙己欲上不能、欲下不甘的"边缘人"身份。在"三品孔乙己"模块中，饶美红老师让学生思考，孔乙己"这么一个不属于任何群体的边缘人，是否跟别人没有任何关联了？"从"孔乙己是这样的使人快活"可以看出是有关联的，只不过孔乙己只是人们无聊生活中的笑料罢了，因为"没有他，别人也便这么过。"这句话有什么言外之意？在饶美红老师的指导下，学生分角色朗读"谁晓得？许是死了"这段酒客与掌柜的谈话，从学生的品读中读懂了旁人对孔乙己生命存在的漠视，读懂了孔乙己只是一个贫贱而悲惨的"多余人"。最后，在"走进孔乙己"模块中，饶美红老师引出"是谁杀死了孔乙己"这一问题。经过前几个模块的分析，学生在讨论中渐渐将答案指向了"社会的冷漠"，这也是全文探讨思想主题。这堂课以"孔乙己是什么样的人"为中心，初识孔乙己是科考失败被侮辱、被损害的"读书人"形象，再识孔乙己是由性格原因导致的"边缘人"形象，三识孔乙己是因人情冷漠、缺失关爱的"多余人"形象，最后饶美红老师升华而来得出孔乙己是一个遭社会凉薄的"苦人"形象。这四个教学模块过渡自然流畅，步步为营又层层深入，随着孔乙己这一人物形象越来越明晰，造成其悲惨命运的根源也逐渐显现——来自看客的冷漠与残酷。饶美红老师不仅引导学生在情境中品味语言，感悟形象，还带领他们进入理性的思辨境界——鲁迅塑造这样一个处于社会边缘、遭社会凉薄的孔乙己形象，正是为了警醒世人、改变世人，不要再做冷眼旁观的"看客"！

四、肖培东：对话教学中的个体审美体验

肖培东，浙江省最年轻的特级教师，现任永嘉十一中校长、教授级高级教师（正高），2005年浙江省"春蚕奖"获得者，温州市首届名师模范班主任。《孔乙己》是肖培东老师2015年在江苏镇江第一外国语学校举办的"同题异构小说，多重对话经典"初中语文对话式教学课堂研讨会上执教的篇目，现将此课例整理总结如下：

表4-8　肖培东老师执教《孔乙己》课例

教学步骤	教学内容
一"记"（内容感知）：你们最"记得"孔乙己的什么？	①提问：感谢同学们能记住老师的生日，那我想问问大家：读完文章后，有谁记得小说主人公孔乙己的生日吗？有人记得孔乙己的本名吗？ 明确：不记得，文中没有提到他的生日和本名，只提到了他的绰号，"因为他姓孔，别人便从描红纸上的'上大人孔乙己'这半懂不懂的话里，替他取下一个绰号，叫作孔乙己。" ②追问：你记不记得孔乙己家里的人？ 明确：课文根本没有写到孔乙己家里的人，也没有人去关注孔乙己家里的人。 ③追问：这篇小说你们已经读过几次了，孔乙己这个人物一定会在你心中留下深刻的印记。那么这个连名字都不被人记住的人，你最能记得的是他的什么？ 明确：可怜、守信、迂腐、清高、落魄、长衫……（学生畅所欲言，老师及时补充引导。） ④总结：孔乙己的"手"，孔乙己的"脸"，孔乙己的"长衫"，孔乙己的"落魄"……都是我们对这一人物形象最深刻的记忆。可怜的孔乙己，迂腐的孔乙己，麻木的孔乙己，痛苦的孔乙己，贫困的孔乙己，善良的孔乙己……这个在封建社会中挣扎的小人物形象越发清晰了。

教学步骤	教学内容
二"记"（重点研讨）：小说中其他人最能"记住"孔乙己的什么？	①提问:文章中孔乙己以外的人,最能"记住"他的又是什么？ 明确:伤疤、被打、欠钱…… ②细读:孔乙己第一次出场的文字,"孔乙己,你脸上又添上新伤疤了!""你一定又偷了人家的东西了!" 诵读指导:提高声调,拉长声音,重读"又""新""一定""偷",注意前面的提示语"有的叫道""他们又故意的高声嚷道",从个体嘲笑转为群体嘲笑,要读出嘲讽的味道。 炼字炼词:"又"表明不是第一次偷东西,也不是第一次被打,也不是第一次被嘲笑;"新"表明老伤疤大家也没有忘记,他们惦记孔乙己的伤疤已经不是一次两次了。
	③分角色朗读:第10段孔乙己被打断腿的故事。 品读:这段问答没有把"谁说"这种提示语加进去,以免破坏这种想问个究竟的急切感;"哦!"要读出掌柜对这件事的好奇惊讶;掌柜的问句中都不带主语"孔乙己",表明他急于想知道个中情况,至于孔乙己这个人是不关心的;"后来呢,后来呢,后来呢"读的时候语速加快,凸显掌柜的好奇心理;"许是死了。"这里的句号更能显示掌柜的冷漠与孔乙己生命的无足轻重。 ④提问:酒客们惦记的是孔乙己伤疤里的笑料、被打折的腿里的故事。那么掌柜呢？他最惦记的是什么？ 明确:惦记孔乙己欠他的钱。"到了年关,掌柜取下粉板说,'孔乙己还欠十九个钱呢!'到第二年端午,又说'孔乙己还欠十九个钱呢!'"连说两遍孔乙己欠钱,并且句末用感叹号,表明掌柜对孔乙己欠的钱非常关心。"取下粉板"表示对掌柜的来讲,孔乙己只是粉板上的一个名字,一个符号,绝对不是一个活生生的人。 ⑤提问:课文中写这个"记"字写了三次,分别在哪？ 明确:第一次在第3段结束"只有孔乙己到店,才可以笑几声,所以至今还记得"。第二次在第5段"但他在我们店里,品行却比别人好……暂时记在粉板上"。第三次是孔乙己对小伙计说记着茴香豆"茴"字的写法（后面会提到）。 ⑥提问:课文还直接写了一个人对孔乙己的"记得",在哪里？说明了什么？ 明确:小伙计,"只有孔乙己到店,才可以笑几声,所以至今还记得",说明孔乙己不仅仅在成人世界里是一个笑料,在儿童世界也是。

续　表

教学步骤	教学内容
	⑦提问：文章中第三次"记"字，是孔乙己对别人说的，他是对谁说的？ 明确：对小伙计说的，记住茴香豆的茴字，"不能写吧？我教给你，记着！这些字应该记着。将来做掌柜的时候，写账要用"。 追问：你从两个"记着"读出点孔乙己的什么来？ 明确：孔乙己十分想帮助小伙计，很善良。但是小伙计却反讽孔乙己："谁要你教""讨饭一样的人，也配考我吗？"
三"记"（主题探究）：这些人真的"记住"孔乙己了吗？	①思考：小说中的其他人真的记住孔乙己了吗？ 明确：没有，"孔乙己是这样的使人快活，可是没有他，别人也便这么过"。孔乙己的有无都是无所谓的，他根本就不是一个被人深深记住并关怀的人。他的存在，最多是给这单调无聊的世界一点笑料。 ②总结：孔乙己不是一个被牢牢记住的人，反而是一个被忘记的人。他们记得的只是孔乙己的伤疤和被打折了腿，那是他们的笑料与谈资；但他们忘记的是孔乙己的灵魂、他的内心世界、他悲惨的命运。在这"忘"与"记"之间游移的都是嘲笑奚落打击，都是冷冷的讥讽的目光。这些人可以称之为"看客"。 ③思考：通过记住，通过忘记，通过这些看，鲁迅先生写这篇文章还想要告诉我们什么？ 明确：正是社会的冷漠、"看客"的无情，造就了这样一个不幸的苦人，慢慢地把孔乙己带进了死亡的边缘。 ④补充：鲁迅曾经说过一句话："国民，尤其是中国的国民，永远是戏剧的看客。"鲁迅还说过一句话："无数个远方，无数的人们，都跟我们每一个人有关。" ⑤朗读：记住这个苦人最后的背影，也让它留给当代社会去思考我们应该怎么做人。齐读"他从破衣袋里摸出四文大钱，放在我手里……坐着用这手慢慢走去了。"

　　犹太人马丁·布伯曾说："对话是从一个开放心灵者看到另一个开放心灵者之话语。"[①]平时课堂中常见的"对话"往往是流于表面、

---

① 马丁·布伯著，张健，韦海英译. 人与人 [M]. 北京：作家出版社，1992:30.

看似热闹的对话，学生好似享用了一顿粗糙的快餐，实际的营养和收获并没有多少。而肖培东老师这堂课真正实现了师生之间的平等对话，实现了互相倾听、互相接纳的互动交融，呈现出对话式教学本身基于学生本位的、不断生成的教学形态，推动了学生小说阅读的个性化文本解读和创造性思维发展。

肖培东老师教学《孔乙己》一课的主要教学价值取向是：对话教学中的个体审美体验。他没有像大多数教师那样直接通过外貌、语言、动作研读人物形象，再由人物形象探究文本的主题思想，而是抓住了"记住"这一关键词，在与学生一来一去拉家常式的对话中层层深入，从"记"到"忘"，再从"忘"到"看"，好似剥洋葱，在层层剥落间，逐渐使小说中的人物形象、文本的主题意蕴，不着痕迹却又一一呈现。在课堂伊始，肖培东老师从自己的生日谈起，在师生你问我答和谐对话的前奏下，由己及孔，水到渠成地问道：你们有人记得孔乙己的生日吗？有人记得孔乙己的本名吗？那么记得他的家人吗？同学们均回答：不记得。进而肖培东老师顺势而下：那你最能记得的是他的什么？这种自然而毫无雕琢之意的提问方式，要比"概括孔乙己这一人物形象"这样刻板的互动更富有张力，能够引导学生重溯小说的阅读体验，分享孔乙己这一人物形象给自己带来的最为独特的记忆。于是，学生与文本对话、与老师对话的过程，也是反复触摸孔乙己丰富人性的过程，一个可怜的孔乙己、可悲的孔乙己、可笑的孔乙己……就深深植根在学生心里。随后，肖培东老师沿着这个"记"，继续推进：文章中的其他人对孔乙己最能记住的又是什么？这种依托关键词的对话式提问，不仅把孔乙己与作品中的其他人物紧密联系起来，带动了学生对小说的整体性理解，从而使学生认识到孔乙己只是人们无聊生活中的调剂品的悲剧形象；还易于激发学生的求知欲与好奇心，吸引学生回归文本深处，自己去寻求、去发现、去碰撞、去共鸣，这就打破了过去那种教师满堂灌、学生被动听的传统讲授方式。在前两个环节的基础上，学生对孔乙己这一人物形象逐渐形成了自己独特的多元认知，这时肖培东老师抛出了第三个主问题：你认为他们真的"记住"孔乙己了吗？答案很显然是没有记住，因为"孔乙己是这样的使人快活，可是没有他，别人也便这么过"。可见，孔乙己的有无对旁人来说是无所谓的，他不是一个被记住的人，反而是一个被遗忘的人。这一记一忘，构成了课堂最后关于"看客"的探讨，启发学生向深处思考小说"反看客"的主题：从"记"到"忘"再到"看"，你认为鲁迅先生还想要表达什么？学生回答出作者揭示了当时社会的黑暗、看客的冷漠、封建科举制度对读书人的毒害等等。这些无疑是学生们独特的审美感悟，是独一无二的阅读财富，也是肖培东老师"对话式民主教学"成功的实践成果。

第三节　杂文《拿来主义》

《部编版高中语文必修上册教师教学用书（2020 年）》的课文研讨中提到："《拿来主义》一文以小见大，就近取譬，用细小的、人们熟悉的事物作喻来阐明一个抽象的深刻的道理。对于批判继承文化遗产这样的重大问题，如果摆开阵势铺开来谈，在千把字的杂文中几乎是不可能实现的。而作者通过比喻来谈，却能够化抽象为形象，化深奥为浅显，化枯燥为生动，丝丝入扣，使人折服。"①

教学本文首先需要引导学生理清行文思路：文章前两段在批判"闭关主义"和"送去主义"，提出我们要"拿来"；第 3—7 段阐明了"送去主义"和"送来主义"的弊端，倡导"拿来主义"；第 8、9 段批判了错误的"拿来主义"并阐述什么是科学的"拿来主义"，最后一段得出"我们要拿来"的结论并说明"拿来"的现实意义。其次，教学本文要注意抓住杂文的文体特点，引导学生体会和练习形象说理的方法与效果，品味揣摩杂文形象性与议论性并存的语言特点。例如，比喻论证、对比论证、类比论证等论证手法的运用，使文章以小见大，深入浅出；反语手法的运用，使文章语言风趣幽默又不失讽刺效果。另外，教学本文还要注重联系时代背景并思考"拿来主义"的现实意义。在时代背景上，要注意以下几点：一是鲁迅所处的时代盛行对文化全盘继承或全盘否定，也有一部分人对文化遗产采取不管不顾的错误态度，本文就是为了批判上述情况所写；二是由于社会黑暗势力的压迫，当时的人们缺乏言论自由，所以鲁迅只能采取冷嘲热讽的方式进行针砭时弊；三是要用"拿来主义"的精神读鲁迅的《拿来主义》，尤其是文中对梅兰芳等人、对美国电影等事物的认识评价，现在的读者要具体问题具体分析。在现实意义上，教师需要明确学习此文的一个重要目的就是让学生联系生活实际，认识到"拿来"的重要性，并学会如何在当今社会正

---

① 部编版高中语文必修上册教师教学用书（2020 年）[M]. 北京：人民教育出版社,2020.

确的践行"拿来主义"。

一、闫敬霞：以学定教下的语文本真回归

闫敬霞，广东省深圳市南山附属学校一级教师，其教学致力于对学生独立人格和创新精神的培养，尤其注重引导学生质疑探究。曾获深圳市课堂教学大赛特等奖，全国中学语文优秀教育教学艺术成果一等奖。其执教的《拿来主义》在 2014 年荣获第四届"圣陶杯"全国中青年教师教学大赛一等奖第一名，现将此课例整理总结如下：

表 4-9　闫敬霞老师执教《拿来主义》课例

教学步骤	教学内容
第一步：导入新课，检查预习	①导入：这节课我们要完成一项具有挑战性的任务——学习鲁迅先生的《拿来主义》。鲁迅先生的文章是不太好懂的，而且这是一篇杂文，所以说这节课的任务是有难度、有挑战性的。但是我相信同学们一定能够取得挑战的胜利。 ②听写生词：自诩、残羹冷炙、冠冕、吝啬、孱头、国粹。 ③提问：用课本中的话概括什么是"拿来主义"？ 明确："送去之外，还得拿来，是为拿来主义。""运用脑髓，放出眼光，自己来拿。"
第二步：问题导学	预习的时候，学生针对这篇文章的行文思路、语言、观点、价值等各方面提了很多问题，教师梳理后，本节课重点解决学生集中提问的、有典型代表性的问题。
（1）行文结构	①提问：开篇为什么没有直接写"拿来主义"？用意何在？ 明确：先否定"闭关主义"和"送去主义"，是为了肯定"拿来主义"，用了一种先破后立的行文结构。 ②追问：第 1 段已经否定了"送去主义"，且第 2 段已经正面提出"拿来"的观点，为什么第 3 段又写"送去"？与第 1 段有何区别？ 明确：第 1 段阐述"送去主义"的现象和形式，第 3 段是在说明"送去主义"的危害，补充和深化了第 1 段的内容。

教学步骤	教学内容
（2）比喻论证	①提问：文章主要写"拿来主义"，那么作者在第8段、第9段提到"大宅子"是何用意？ 明确：这里用了比喻论证，"大宅子"指的是外来文化，里面的"孱头""昏蛋"和"废物"分别指的是对待外来文化时懦弱害怕、全盘否定、全盘肯定的三种人。正确的态度应该是"占有和挑选"。 ②追问：该如何"占有和挑选"呢？"大宅子"里面有什么？分别是什么类型？
	明确：鱼翅，鸦片，烟枪和烟灯，姨太太。其中"鱼翅"指的是有益无害的文化，要大胆吸收；"鸦片"指的是有益有害的文化，要取其精华去其糟粕；"烟枪和烟灯"指的是无益无害的文化，可拿来观赏留念；"姨太太"指的是无益有害的文化，要完全抛弃。 ③朗读：作者最后的观点是"总之，我们要拿来"，这句话应该重读哪个词？（学生齐读） 明确：拿来。
（3）语序与标点	①问题：第10段中"或使用、或存放、或毁灭"三者的顺序能不能调换？ 明确：不能，与第9段中的物品存在对应关系。 ②延伸：第9段中有四样东西，这里只有三个词语，如何对应？大家可以观察一下第9段标点符号的特点。 明确："鱼翅"这句话后面是分号，"鸦片""烟枪和烟灯""姨太太"三句话后面都是句号，说明"鱼翅"和"鸦片"都是可以拿来使用的，两者之间是小小的并列关系，与第10段"使用"对应；"烟枪和烟灯"是无益无害的，只可以用来存放，与第10段"存放"对应；"姨太太"是有害无益的，与第10段"毁灭"对应。 ③总结：标点是会说话的，标点符号的问题其实就是文章思路的问题。鲁迅先生写文章如此用心，具体到标点符号，具体到语序，具体到标点和语序的对应，可见其行文的严谨。
（4）句式选择	提问：文章最后"没有拿来的，文艺不能自成为新文艺"怎么理解？ 明确：可以将这句话转化成肯定句式来理解，"如果拿来了，文艺就成为了新文艺"，如果对外来文化进行批判吸收，原本的文艺吸取新养料之后就变成了新文艺。

续　表

教学步骤	教学内容
（5）文体特征	①介绍杂文：杂文是一种非常特殊的文体，它是散文与论文的联姻，是议论性的散文，同时又是文艺性的论文，它掺有一定的散文笔法，可以自由、灵活地发表感想、论事说理，议论性与形象性并存。这就是杂文独特的文体特点。
	②提问："活人替代了古董，我敢说，也可以算得显出一点进步了"，如何理解"进步"一词？ 明确：用了反语的修辞手法，褒词贬用，实际是想表达同样落后。 ③延伸：文章中还有哪些地方用了反语？形成了什么效果？并请学生加上体态语言进行诵读表演。 明确：第3段"当然，能够只是送出去，也不算坏事情，一者见得丰富，二者见得大度"一句中的"丰富"和"大度"，也用了反语，形成一种幽默风趣、辛辣讽刺的效果。 ④总结：杂文的语言特点是生动形象，幽默诙谐，讽刺犀利。
（6）现实意义	①提问：《拿来主义》这篇文章写于1934年，"拿来主义"在现代社会是否依然适用？请举例说明。 明确：适用，例如学习西方先进的科技。 ②追问：说明我们应该怎么"拿来"？ 明确：不能照搬，拿来的同时需要自主创新。 ③举例思考：鸦片战争之后，170多年来，中国人对待英语的态度、方法，是不是"拿来主义"的态度和方法？拿来主义者要"占有，挑选"，拿来主义者要"沉着，勇猛，有辨别，不自私"，我们哪一点做得不好？ 明确：学英语也应该有辨别、有选择，而不是像现在一样所有人都要学。
第三步：课堂小结	①总结：鲁迅渐行渐远，但他的思想方法在今天仍然是我们思想成长的资源，让我们的思想更加丰盈。所以今天，每个青年学生在心里给鲁迅留一个适当的位置，仍然是一件很有意义的事情。 ②作业：结合学习本文或阅读鲁迅其他作品的感受，以"鲁迅的味道"为题，写一篇文章。

　　由于《拿来主义》是鲁迅的经典杂文，对于高中生而言理解起来存在困难，如何引导学生走近杂文、读懂杂文，并且使学生主动

探究杂文的思想主题，是语文教师在教学时需要考虑的首要问题。所以，闫敬霞老师在教学《拿来主义》时，定位的主要教学价值取向是：在以学定教中回归语文本真。她在备课时，没有将重点放在教学活动的设计上，而是放在了对文本和学情的充分研究上。她让学生在课前预习时针对文章的行文思路、语言、观点、价值等提出自己不懂的问题，然后她把这些问题进行分类整合，将质疑比较集中、具有典型代表性的问题作为本节课的教学内容，可以说十分符合"以学定教"的教学理念。由此，这节课的教学从学生的问题出发，引导学生由表及里、由浅入深、步步深入地探究交流，教师再根据学生的表现适时点拨、促进生成，使整堂课变成了一场充满期待与惊喜的探秘之旅。这种"以生为本""以学定教"的教学方式，不仅把学习的自主权真正交给学生，也为学生创造了一个更加平等自由的思考和交流的平台，使学生的自主学习能力和合作探究能力得到充分的训练与提升。

在解决问题的过程中，闫敬霞老师没有单纯把《拿来主义》作为论说文来解剖，而是引导学生从语言入手、回归文本，通过对字、词、句、段、篇的品味，落实听、说、读、写、思的语文实践。例如，让学生加上体态语言来诵读"当然，能够只是送出去，也不算坏事情，一者见得丰富，二者见得大度"这句话，夸张的表演更能凸显"丰富""大度"所传达的反语讽刺效果，从而使学生亲身感受到鲁迅文笔的幽默深刻；让学生比较分析第九段中"鱼翅""鸦片""烟枪和烟灯""姨太太"后面分号、句号等标点的运用以及"或使用，或存在，或毁灭"这句话的语序，从其中的对应关系里体会杂文语言的严谨性；让学生推敲"总之，我们要拿来"这句话的重读方式，来感受文章的论述中心与主题；让学生将结尾句"没有拿来的，文艺不能自成为新文艺"转换成肯定句式："如果拿来了，文艺就成为了新文艺"，品味句式选择所带来的不同魅力……在阅读教学中，品味语言是理解与阐释作品思想主题的基础，只有拥有低到停留在文字上的眼光，才能达到仰望语文璀璨星空的高度。闫敬霞老师正是抓住了"语言文字"这一根本，通过多种多样的"读"和斟词酌句的"品"，让学生在与文本的对话中感受杂文的魅力，领悟鲁迅文字背后蕴藏的深刻思想和大智慧，从而丰盈自己的思维，提升语文的素养，这也与语文课程标准中"发挥语文课程的独特功能，促进学生语文学科核心素养全面发展"[①]的教学建议相契合。

二、熊芳芳：潜入文本里的真实意义探寻

熊芳芳，江苏省苏州新区一中高级教师，曾获全国中学语文十佳教改新星、湖北省教育科研 100 佳个人、苏州市优秀青年骨干教师等荣誉，十余年来致力于研究"生命语文"课题。《拿来主义》一文是熊芳芳老师在 2014 年执教过的篇目，现将此课例整理总结如下：

---

① 中华人民共和国教育部制定 . 普通高中语文课程标准 [M]. 北京：人民教育出版社 ,2017.

4-10　熊芳芳老师执教《拿来主义》课例

教学步骤	教学内容
第一步： 课堂导入	①故事激趣：鲁迅曾陷入一桩公案，被指抄袭。鲁迅一再辩白："我只是参考，我真的没偷！"胡适也曾站出来替他说过公道话："他真的没偷！"然而鲁迅却在迅《集外集·序言》中主动坦白："我真的偷过！一篇是'雷锭'的最初的介绍，一篇是斯巴达的尚武精神的描写，但我记得自己那时的化学和历史的程度并没有这样高，所以大概总是从什么地方偷来的，不过后来无论怎么记，也再也记不起它们的老家……" ②追问：鲁迅所说的"偷"可以用哪个词替换？ 明确：拿来。
第二步："说的什么？"	①提问：议论文是表达作者观点的文章，读一篇议论文，第一件事情就是要了解：作者说的什么。在这篇文章里，鲁迅说的什么呢？ 明确："拿来主义"。 ②提问：虽然鲁迅提倡"拿来主义"，但在他眼中，哪几种人是不可能做到"拿来"的？ 明确："孱头""昏蛋""废物"。 追问：为什么他们不可能做到？这是由各自的心态决定，分别用一个词来概括这三种人的心理。 明确："孱头"是"怕"，"昏蛋"是"怒"，"废物"是"欣欣然"。 追问：人的思想决定人的行动，这三种人的心态决定了他们什么样的行动？也分别用文中的一个词来概括。 明确："孱头"因为"怕"而"徘徊"，"昏蛋"因为"怒"而烧光，"废物"因为"欣欣然"而"接受一切"。 ③提问：鲁迅认为真正的"拿来主义者"要有哪些素质？ 明确：沉着、勇猛、有辨别、不自私，可以概括为勇气、智慧、胸襟。 追问：落实到具体行动中怎么体现？ 明确：有勇气就要占有，有智慧就要挑选。 ④提问：事物正因为处于良莠不齐的状况才需要挑选，作者在这里列举的良莠不齐的事物有哪些？ 明确："鱼翅""鸦片""烟枪和烟灯""姨太太"。 追问：这四种事物分成三类，哪两类可以合并为一类？ 明确："烟枪和烟灯"和"姨太太"是一类，都是腐朽的产物，要摒弃。 追问：对于这样的三类事物，该如何区别对待呢？ 明确：或使用，或存放，或毁灭。

续　表

教学步骤	教学内容
	⑤提问：一个真正的"拿来主义者"还要有胸襟，要有所兼顾，需要兼顾什么？ 明确：子孙百姓和文化。第一段中政府拿国家做交易，就没有兼顾子孙和百姓；只有新人才能造就新的文化，有了新主人，宅子才能变成新宅子。
第三步："为什么说？"	①提问：鲁迅为什么撰文写"拿来主义"？ 明确：一方面，国人"不懂"拿来主义——文章前半部分描述的都是国人"闭关""送去""送来"的错误现象；另一方面国人"不敢"拿来主义——文章第6段："我们被'送来'的东西吓怕了。" ②补充为什么"吓怕了"：借助丰富史料，让学生了解"英国的鸦片""德国的废枪炮""法国的香粉""美国的电影""日本的印着'完全国货'的各种小东西"背后的含义——都是来攻击或毒害我们的。所以鲁迅告诉我们，以独立的人格和自由的精神去"拿来"，跟被动地接受"送来"是完全不一样的。
第四步："怎么说的？"	①破立结合：这篇课文前面的内容以"破"为主，破中有立——在依次否定"闭关主义""送去主义""送来主义"的同时，提出"拿来主义"的观点；后面的内容以"立"为主，立中有破——在树立"拿来主义"观点的同时，继续对"孱头""昏蛋"和"废物"穷追猛打，各个击破。 ②反讽：例如"活人替代了古董，我敢说，也可以算得显出一点进步了"；再如"能够只是送出去，也不算坏事情，一者见得丰富，二者见得大度"。 ③以子之矛攻子之盾："但我们没有人根据了'礼尚往来'的仪节，说道：拿来！"鲁迅用老祖宗的话作为武器，攻击我们自己现在的做法——只会"送去"，不敢"拿来"。 ④类比：鲁迅说完尼采自诩是太阳，只是给予，不想取得，结果发了疯的例子之后，紧接着说到有人认为中国的煤矿足够全世界几百年之用，意思是只管送去不要担心，但是警告我们，几百年之后，我们的子孙有可能要向人乞讨。这两种相像的现象形成类别。 ⑤对比："孱头""昏蛋"和"废物"对于大宅子中的遗产的态度和拿来主义者"占有、挑选"的态度形成对比。 ⑥比喻论证："大宅子"指的是文化遗产，"鱼翅""鸦片""烟枪和烟灯""姨太太"指的是良莠不齐的文化。

教学步骤	教学内容
第五步："为何不说？"	①延伸：读一篇议论文，弄懂作者说的什么、为什么说、怎么说的，好像就可以结束了，但如果你要追求更高境界，还可以再追问一句：为何不说——为什么有些内容他不说，或者不明说、不详说。 ②提问：作者在第 4 段结尾写到"我在这里不想举出实例"，注释里说指的是"棉麦借款"之事，在这里鲁迅为何不明说？ 明确：不明说是因为"不能说"，说了之后这篇文章可能会被封杀。 ③提问：作者在第 8 段提到"或是做了女婿换来的"，这里指的什么事？为什么不详说？ 明确：不详说是因为之前"说过了"，鲁迅曾在各类文章中批判了大富翁女婿的邵洵美，使其后半生都笼罩在鲁迅的阴影中。 ④补充：介绍邵洵美的生平及为人，因为他的文学追求与鲁迅道不同不相为谋，在《文人无行》中说的很多话都似乎在影射鲁迅，把鲁迅惹恼了，因此鲁迅对邵洵美的这些批评太多个人情绪，并不客观。 ⑤总结：所有人都有自己的缺点，鲁迅也不例外，所以要秉持"拿来主义"的精神读鲁迅的《拿来主义》。

不少师生认为，由于自己不了解鲁迅所处的那个特定时代的历史背景和文化知识，才导致了阅读鲁迅作品时"雾里看花"、似懂非懂的状态。所以，很多教师在讲授鲁迅作品之前会用多媒体呈现或是口述大量的背景资料，包括鲁迅的生平经历、历史事件等等。然而学生依然感觉自己游离在文本之外，无法真正走进鲁迅的灵魂深处。我们说背景资料的补充对于理解作者、解读文本确实有如虎添翼的作用，但是要想让它发挥实效、真正帮助师生完成阅读教学的有效探究，仅仅靠空洞的堆砌是远远不够的。那么如何才能使补充资料切实发挥出教学资源作用呢？熊芳芳老师教学《拿来主义》一文的主要教学价值取向正是：潜入文本里的真实意义探寻，为我们呈现了一个极好的案例。

教师在讲到"作者为什么要说拿来主义"时，往往需要围绕"拿来主义"形成的社会背景展开有效探究。一般的教师这时候会查找额外的历史资料进行大段的补充，用来介绍我国当时所处的国际地位和现实境遇。但是熊芳芳老师却敏锐地把握住了在这段文字里隐藏的重要背景信息，也正是学生不熟悉、极易产生误读的内容——"德国的废枪炮""美国的电影""日本的印着'完全国货'的各种小东西"，从而组织起了一场富有成效的课堂研讨。例如其中一个教学片段：

师：后面"日文的印着'完全国货'的各种小东西"又是怎么回事？

生：跟抵制日货有关吧？

师：对，"一二·八"事变之后，在全中国掀起了一场声势浩大的抵制日货的运动，不少热血青年甚至到店铺查禁日货，焚烧日货。有些商人便撕掉日货上的日本商标，印上"完全国货"的字样，以表示是中国产品。

生：跟我们现在正好相反，现在是完全国货贴上日本标签。

师：日本人送来的"日货"，也是一种侵略，经济侵略。所以在当时的中国，别人"送来"的东西，无论是英国的鸦片、德国的废枪炮、法国的香粉、美国的电影，还有日本的各种小东西，都是哪些方面的侵略啊？

生：经济的。

生：文化的。

生：政治的。

生：军事的。

师：嗯，很好。还有肉体的、精神的等等。所以别人"送来"

的东西，如果你全盘接受，你就输了。你应该"拿来"。好，这就是鲁迅为什么要说"拿来主义"的原因。[①]

熊芳芳老师之所以能够发现隐藏在文字背后的不可或缺的教学资源，无非就是做到了潜入文本，真正沉潜到作品的字里行间，沉潜到作品涉及的时代与历史，认真挖掘每一个字、每一个词背后的丰富内涵与真实意义。也只有这样，教师才能触摸到鲁迅的灵魂、聆听到鲁迅的心声，才有可能引导学生穿越时代的隔阂，从"走近"鲁迅到"走进"鲁迅。

三、刘卫平：语言分析中的思维能力发展

刘卫平，中山市教学名师，中山市高层次紧缺人才，中山市高中语文学科中心教研组组长，连续被评为"中山市优秀教师"。其执教的《拿来主义》一课荣获 2016 年广东省中山市第一届高中青年教师教学竞赛特等奖，现将此课例整理总结如下：

4-11　刘卫平老师执教《拿来主义》课例

教学步骤	教学内容
第一步：故事设疑，导入新课	①设疑：法国记者写的《主流：谁将打赢全球文化战争》，书中这样描写美国好莱坞老板的办公室：他的办公桌上放了 3 个座钟，指针分别调在"日本时间""中国时间"和"印度时间"。作为影视界的大哥，好莱坞老板为什么要盯住其他国家的时间？ ②导入：通过今天这节课的学习，我们可以从中找到答案。这就是我们这节课要学习的一篇传统的经典课文——鲁迅先生的《拿来主义》。《拿来主义》标题中最核心的字是"拿"，读了标题，我们不禁心生疑问：为什么要去拿？去拿什么东西？怎么去拿？

---

① 熊芳芳.《拿来主义》教学实录 [J]. 中学语文教学,2014.5:24.

续　表

教学步骤	教学内容
第二步： 初步感知 课文， 明确四种 思想	①提问：什么是"拿来主义"？ 明确："所以我们要运用脑髓，放出眼光，自己来拿！" 追问：这个句子体现了作者什么写作思维特点？ 明确："所以"一词体现因果思维，这句话独立成段体现了凸显思维。 追问：这些思维特点有何价值？ 明确：论述自然流畅，逻辑水到渠成；突出重点，令读者印象深刻。 ②提问：为什么要实行"拿来主义"？文章开头阐释了哪些思想，分别有什么特点？ 明确：闭关主义——不送不拿；送去主义——只送不拿；送来主义——只受不拿。因为这些思想都存在极端化倾向，所以要实行"拿来主义"。 追问：作者批判这三种思想，为树立拿来思想做铺垫，体现了什么思维特点？ 明确：批驳思维。 追问：这种思维特点有何价值？ 明确：拓展写作思维的空间，对错误观点进行批驳，可以解决读者的疑惑，凸显作者敏锐的视角。
第三步： 细悟"送 去主义"， 简析"送 来主义"	①提问：用精炼的语言概括"送去主义"的三则事例。 明确：展览古董，挂古画新画、送出梅兰芳博士。 追问：体现了什么思维特点？有何价值？ 明确：列举思维，可以充实文章内容，强化论点说服力。 ②提问：第3段重点阐释"送去主义"的危害，但是在论述中并没有简单地进行线性分析，而是先陈述"送去主义"的价值，再分析其危害，这体现了什么思维方式？ 明确：辩证思维，标志词是：当然……然而……；当然……但……；诚然……但是……；不可否认……但是……。 追问：这种思维特点有何价值？ 明确：使我们认知更为全面，更有深度，思维超越一般人。 补充：为了进一步阐释"送去主义"的危害，这里也运用了列举思维：尼采自诩为太阳却发疯，中国掘起地下煤却贻害子孙。 ③提问：面对"送来主义"，我们能毫不犹豫敞开大门吗？ 明确：不能，因为天下没有免费的午餐，这是外国的糖衣炮弹。

教学步骤	教学内容
	④提问：为什么三种思想重点写"送去主义？" 补充写作背景：此文写于 1934 年 6 月，当时日本正加紧疯狂进攻中国，准备血染黄河，而当时当政的国民党为求一时之安却一味退缩，出卖国家的领土主权，出卖国家宝贵的资源。 明确：鲁迅面对国民党这种卖国求荣的做法，奋笔疾书写下本文，指责国民党的错误政策，批判讽刺他们不该那么积极地实行"送去主义"。 ⑤应用：出示反应社会现状的图片，让学生指出其对应错误思想：抵制日货——闭关主义；到日本购买杭州生产的马桶盖——送去主义；洋垃圾涌入中国——送来主义。 ⑥总结：在全球化时代的今天，我们不能完全拒绝外来文明，也不能一味地媚外，也不能单纯低头接纳外物。今天这个时代，没有谁是独立的个体，谁都离不开谁，每个人都是捆绑在一艘船上的大集体中的一分子。所以好莱坞老板会在办公桌上放 3 个座钟，分别指向"日本时间""中国时间"和"印度时间"。
第四步：剖析"拿来主义"	①提问：拿来主义的态度怎么样呢？为了揭示拿来主义的三种错误态度，作者选取了特定的对象——大宅子，祖上阴功得来的大宅子代指什么东西？ 明确："大宅子"代指古代文化遗产。 追问：对待文化遗产，我们存在哪三种错误的行为态度？该行为的实质是什么？ 明确：第一种是孱头，不敢进门，实质是逃避害怕；第二种是昏蛋，放火烧光，实质是全盘否定；第三种是废物，接受一切，实质是全盘肯定。 ②提问：既然这样的行为态度不可取，那么我们要树立什么样的行为方式呢？为了具体阐释道理，作者选取了四类东西，分别是鱼翅、鸦片、烟枪烟灯和姨太太，对于不同类的东西，我们该怎么做？ 明确：鱼翅——吃掉，有益无害；鸦片——送去药房，有益有害；烟枪烟灯——除了送去博物馆，其他毁掉，无益无害；姨太太——遣散，无益有害。可以概括为"使用""存放"和"毁灭"三种方式。

续　表

教学步骤	教学内容
	③提问："拿"的三种错误态度和"拿"的三种正确方式，两者形成鲜明的反差，这种写作思维特点叫作什么？ 明确：正反对比思维。 追问：这种思维特点有何价值？ 明确:通过正反对比，使得对事物的论述更为全面，论证更为严谨，感染力也就更强。 ④提问：文中"或使用，或存放，或毁灭"，三个短语顺序是否可以调换？体现了什么思维？ 明确：不可以，对应思维，因为这三个短语与上段三大类东西形成对应关系，上段中的标点符号也有所暗示。
第五步： 总结思维 方式	总结:以表格的形式出示因果思维、批驳思维、举例思维、辩证思维、正反对比思维、对应思维这些思维方式，以及它们的标志词（技术要领）。 ·因果思维：因为……所以……；因此；究其原因；由于。 ·批驳思维：直陈其他思想的错误或危害，尤其是极端思想。 ·举例思维：别的且不说，单是……；譬如。 ·辩证思维：当然……然而……；当然……但……；诚然……但是……；不可否认……但是……。 ·正反对比思维：全不这样；然而；但是。 ·对应思维：顺序确定性，前后一致性，思路对应性。
第六步： 幽探语言 内涵	①指导：赏析语言的技巧主要有两种：一是从内容和手法两大方面赏析；一是抓住关键点进行赏析。 ②练习：出示三个典型句子，分组鉴赏语言。 ·"活人代替了古董，我敢说，也可以算得显出一点进步了。"——"进步"一词反话正说，反语。 ·"我只想鼓吹我们再吝啬一点,'送去'之外,还得'拿来',是为'拿来主义'。"——"鼓吹""吝啬"正话反说，反语。 ·"几位'大师'们捧着几张古画和新画……"——"大师"引用，讽刺。 ③总结：鲁迅先生杂文的语言特点是讽刺辛辣，妙趣横生；诙谐中见讥讽，憎恶溢于言表。

教学步骤	教学内容
第七步： 概括拓展	①分析：结合时代背景，用几个关键词来描述鲁迅先生在文中表达的思想。 明确：冷嘲热讽，针砭时弊，责任感。 ②补充：毛泽东对鲁迅的评价——他用显微镜和望远镜观察社会，所以看得远，看得真。鲁迅的骨头很硬，半殖民地的国家有像鲁迅这样硬的骨头是很可贵的。 ③总结：有人形象地将中国文化比作"酱缸文化"：与外界缺乏沟通，与他人缺乏了解。在这样的文化体制之下，鲁迅先生敢于挺直腰杆，敢于站起来说话，这种精神更显得可贵。鲁迅先生为我们后人竖起了一座永恒的精神丰碑。希望大家也学会"拿来主义"，从别人那里拿来观点，拿来思想，拿来技巧，拿来智慧，这样人就会成为新人，宅子就会成为新宅子。 ④作业：在正反对比思维、举例思维、批驳思维、辩证思维、对应思维五种思维方式中，任选两种思维方式撰写短文《敬畏规则》。

刘卫平老师执教的《拿来主义》一课，最大的亮点在于跳出了传统阅读教学的固有框架，创造性地选择了"思维特点"这一分析路径，引导学生不断向思维深处掘进，体现了对语文学科核心素养中思维方法和思维品质的重视。这堂课的教学价值取向是"语言运用中的思维能力发展"，具体分析如下：

《拿来主义》作为一篇经典的杂文作品，常常被语文教师以议论文的典范之作展开设计教学，课堂教学的重点往往都指向了"论证方法"的学习，如比喻论证、类比论证、对比论证等等。这当然也不是不行，问题在于，如果教师教学"论证方法"时仅仅停留在"概念＋例子"的讲解上，那么鲁迅的这篇杂文作品无疑被大材小用，这样的教学其实是不够丰富厚实、也不够深入深刻的。因为"论证"的背后，其实是"思维"的彰显，必须落实到文本"思维特点"的分析上，才能使论证方法的学习有了基点。从课例中可以看出，刘卫平老师的教学准备是较为充分的，这里并不是说他阅读了多少资料、对学情把握得多么透彻或是采取了多么先进的教学手段，而是在备教材、备文本的过程中，他敏锐地将文本解读的焦点聚焦到了"思维"的落点上。比如"所以我们要运用脑髓，放出眼光，自己来拿！"这个句子，大部分老师会将目光锁定在"运用脑髓、放出眼光、自己来拿"等字眼上，分析"应该怎么拿"，而刘卫平老师聚焦的却是"所以"二字，并由此触摸到了作者将这句话单独成段想要突出表现的"因果思维"。再比如课文第 3 段："当然，能够只是送出去，也不算坏事情……然而尼采究竟不是太阳，他发了疯……"，一般人阅读这段文字时，大概率会快速"滑"过去，不觉得有什么特别之处，但刘卫平老师却看到了其中蕴含的"辩证思维"——鲁迅先生肯定了"送去主义"的价值，再分析其危害。由于思维具有"内隐性"特点，关于"思维发展"的教学往往流于表面，很难落地生根。面对这一困境，该从哪里找到突破口呢？其实思维能力的发展与语言能力的提升，二者是相互依存、相辅相成的，因为语言是思维的载体，思维教学的突破口就在于语言。换言之，语言分析就是思维教学落地生根的"核心技术"所在。为了实现这一点，刘卫平老师可谓"费尽心思"：他将每一个寻找到的"思维点"还原到具体的语言文字（标志词）中，让内隐的"思维"外显出来，变得"直观可见"。比如在讲到"因果思维"这个点时，刘卫平老师特别提醒学生关注"所以"一词；在讲到"辩证思维"这个点时，帮助学生找到表达该思维的标志词"当然……然而……"，并给学生扩展延伸了其他表达辩证思维的标志词；在讲到"对应思维"这个点时，提醒学生上段中的标点符号有所暗示，通过标点和语序的对应，可以看出鲁迅行文之严谨、思路之清晰……可以看出，刘卫平老师追求的"思维能力发展"的教学价值取向，必须扎根于语言文字，只有依托语言的分析和文本的细读才能让思维教学"贴地面而行"，才能切实锻炼和提升学生的思维能力和思维品质。

四、郝玲君：逻辑分析下的批判思维培养

郝玲君，河北省特级教师，唐山市教学名师，曾获得全国语文教师优质课比赛二等奖、河北省骨干教师示范课一等奖、唐山市高中语文优质课比赛一等奖。《拿来主义》是其在 2019 年开展的河北省普通高中语文优质课评选活动中执教的篇目，现将此课例整理总结如下：

表 4-12　郝玲君老师执教《拿来主义》课例

教学步骤	教学内容
第一步：为何"拿"？（符合逻辑三步推论）	①提问：鲁迅写拿来主义，为什么先说闭关主义和送去主义？鲁迅对这两个主义是什么态度？结合文本分析。 明确：否定态度（结合学生回答，分析第一段中"发扬国光""捧""进步"等反语的用法）。 ②提问：鲁迅否定了闭关主义、送去主义，为什么提出了"拿来主义"？为什么"送去很多"被鲁迅否定了，就应该拿来？依据是什么？ 提示："送去"和"拿来"什么关系？哪个成语同时包含了"送去"和"拿来"两层意思？ 明确："礼尚往来"，这符合自古以来中国人公认的道理。 追问：大家是不是觉得鲁迅提出的特别对、特别有道理？他论证的法宝是什么 明确：符合逻辑上的"三步推论"：大前提是双方交往要尊崇礼尚往来，小前提是我们送去了很多，所以结论是我们要拿来。

续　表

教学步骤	教学内容
第二步： "拿"什么？ （违反逻辑 的矛盾律）	①提问：第 4 段和第 6 段文字在表述上是否有不妥之处？ 明确：前后矛盾，第 4 段中说不想举出"送来"的实例，第 6 段又列举了很多"送来"的东西，在表达上违反了逻辑的矛盾律。矛盾律要求在同一思维过程中，对同一对象不能同时做出两个矛盾的判断，不能既肯定它又否定它。 ②提问："送来主义"为什么可怕？ 明确：要么是来欺负我们的东西，要么是让我们玩物丧志的东西。 ③追问：如果是你来代表中国人拿，拿什么？ 明确：科技、先进文化、资本……要拿有用的，有价值的，可以让国家强大的、振奋人心的东西。 ④总结：法国哲学家萨特说："欲望是存在的欠缺。"自身在某一方面欠缺才要拿。大家现在读鲁迅的文章，有些难懂，知识和能力有欠缺，就会产生学习知识、提升能力的欲望。
第三步： 怎么"拿"？ （违反逻辑 的矛盾律）	①要求：读第 7–10 段，边读边勾画"怎么拿"的相关句子。 明确：1"我们要运用脑髓，放出眼光，自己来拿！"2"我想，首先是不管三七二十一，'拿来'！"3"他占有、挑选。"4"我们要或使用，或存放，或毁灭。" ②追问：这四句话该如何分类，表达是否一致？（小组讨论） 明确：第一句和其他三句相矛盾，第一句是正确的，主张先分析，再行动；其他三句是错误的，都是先行动了。 ③追问：四个句子向两个方向说，作为读者的我们，该怎么办？ 明确：矛盾的事物，二者必有一错，看谁更有用、更符合客观实际或公认的理论，我们就推崇哪个。此处四句话适合用公认的理论衡量，第一句正确，其他三句错误。
第四步： 何处"拿" （违反逻辑 的同一律）	①辩论：跳读全文，思考去何处"拿"？ ·正方：去国外文化"拿"——文章开头，鲁迅一直在说我们送去的对象是法国、欧洲、苏联，根据礼尚往来，当然是从外国文化中拿回精品。文章第六段说"送来"的有英国、德国、法国、美国、日本……他们送的东西可怕，当然需要我们去从他们那里拿对我们有用的。

教学步骤	教学内容
	·反方：去中国古代文化"拿"——文章第八段，根据阴功，大宅子是从先辈那里继承的，是中国古代文化。而且大宅子里的"鸦片""姨太太"这样的东西，明显的中国"特产"，绝对不是外国的。 明确：这篇文章是针对中国人给外国人送去很多，提出的拿来主义，自然是针对外国文化而言的；但文章第8、9段却在写针对中国古代文化的"拿来"。 ②总结：这属于转换话题，写文章或说话主题前后不统一，违反了逻辑的同一律。
第五步： 谈收获	①背诵："拿来主义"精神。 明确："我们要运用脑髓，放出眼光，自己来拿！" ②思考：以"拿来主义"精神，读《拿来主义》，对我们今天有什么意义？ 明确：批判精神、挑战权威、独立思考、针砭时弊…… ③总结：知识就是力量。要用知识武装头脑，比如多学一些逻辑学、三段推论法可以让我们的推理更无懈可击；同一律不会让我们混淆概念；矛盾论不会让我们自相矛盾……唯有如此，我们学语文才会少一些傻气多一些灵气。

郝玲君老师在《拿来主义》这堂课的教学反思中写道："在熊芳芳老师的《拿来主义》教学实录结尾，看到一句话：我们要以'拿来主义'的精神，读鲁迅的《拿来主义》！她只在讲授'为何不说'环节，用'邵洵美'事件，批判鲁迅也有缺点。但笔者认为，她运用'拿来主义'精神不够彻底，决定深入之、彻底之，把课堂的切入点放在《拿来主义》的论证逻辑分析的多个错误之处。"[①] 所以，郝玲君老师这堂课的教学价值取向是"逻辑分析下的批判精神培养"，旨在用"经典的错误"点燃学生思维的火炬。

---

① 　郝玲君.《拿来主义》课例 [J]. 教育实践与研究,2020:26.

在这堂课中，郝玲君老师以"用'拿来主义'读《拿来主义》"为核心任务，围绕"拿"设置了"为何拿""拿什么""怎么拿""何处拿"四个主要教学环节，引领学生分析思考文章的论证逻辑。例如在"为何拿"环节，郝玲君老师指导学生思考："为什么'送去很多'被鲁迅否定了，就应该拿来？这里依据的是什么？"结合学生回答的"礼尚往来"一词，郝玲君老师进一步补充鲁迅依据的法宝是"三段论推理"——大前提是双方交往要尊崇礼尚往来，小前提是我们已经送去了很多，结论是我们要拿来。可以看出，文章前两段的论述是符合逻辑三步推论的。不过在"拿什么""怎么拿"环节，结合郝玲君老师的问题引导，学生逐步发现文中有一些自相矛盾的地方。例如第4段明明说"可以称之为'送来'，我在这里不想举出实例"，第6段又列举了很多"送来"的东西，违反了逻辑的矛盾律。再比如关于"怎么拿"的句子，第7段说"我们要运用脑髓，放出眼光，自己来拿！"，意思是要先分析，后行动；然而后面第8、9、10段表达的却是先行动——"不管三七二十一，'拿来'！""占有、挑选""或使用，或存放，或毁灭"，同样违反了逻辑的矛盾律。在"何处拿"环节，就"'拿'的是外来文化还是中国古代文化"，学生们展开了激烈的辩论，后来发现文章是针对中国人给外国人送去很多的事实，提出的"拿来主义"，"拿来"自然是针对外国文化而言的；但是文章的8、9两段谈论的都是中国古代文化的继承，偷偷转换了话题，违反了逻辑的同一律。这堂课通过对《拿来主义》一文中论证逻辑错误的分析，让学生敢于挑战权威，学会独立思考，提出独到见解，真正实现了与老师、与文本的平等对话，有利于培养学生的逻辑意识、创新意识和批判精神。另外，随着"为何拿""拿什么""怎么拿""何处拿"四个问题层层递进地有序展开，学生的求知欲和表达欲越来越强，思维的火花不断碰撞，真正实现了学生课堂主体的教学理想。当学生回答问题遇到困难时，郝玲君老师会灵活降低问题难度，将大问题分解成若干小问题，为学生搭设脚手架，引导他们逐步完成教学任务。当然，这堂课也存在不足之处，教学中涉及的逻辑学的"三步推论""矛盾律""同一律"等知识，大部分学生对此都比较陌生，应该先介绍相关概念，扫清理解障碍，这样再去分析文本效果会更好。

第四节 教学价值取向的共性追求

一、还原鲁迅的"人间形象"

过去，大多数中学语文教师遵循着"伟大的文学家、思想家、革命家"的定位来向学生介绍鲁迅，将鲁迅完全塑造成一个"横眉冷对千夫指"的伟人形象，导致学生不自觉地就将鲁迅架上了"神坛"，无法正确认识，也不能真正地走进鲁迅。而以上 12 位教师在教学鲁迅作品时，旨在还原真实的鲁迅形象，将"鲜活真实的鲁迅"替代"符号化的鲁迅"，将教材中鲁迅作品所展现出的悲天悯人、伤心不舍、热爱执着、讽刺挖苦、任性犯错……把鲜活、真实、立体的鲁迅介绍给学生，让学生知道鲁迅先生不仅仅只有"横眉冷对、不苟言笑"这一面，他也是慈祥、幽默、可亲之人，他也曾生活在普通人群中，也曾食尽人间烟火、看尽世间百态、尝尽了世间冷暖，从而去除学生和鲁迅先生之间的芥蒂，让学生认识一个有血有肉、接地气的"人间"鲁迅。一方面，他们在教学时做到了回归文本，让学生从不同风格的鲁迅作品中解读不同性格的鲁迅，从而使学生在与文本的对话中发自内心地走进鲁迅。例如，高冉老师在讲授《藤野先生》一文时，通过补充历史资料和朗读相关语句的方式，带领着学生一同感悟鲁迅浓浓的爱国情怀，并让学生明白鲁迅之所以如此感谢、敬佩这位没有民族偏见的藤野先生，并在几十年后深怀感激与尊敬写下这篇文章，正是源于他那颗深沉的爱国之心和强烈的民族自尊心。例如，肖培东老师讲到《孔乙己》一课的结尾时，引导学生进一步思考：围绕板书"忘""看""记"，你认为鲁迅写这篇文章除了揭示封建科举制度的罪恶和封建社会的黑暗，还想要告诉我们什么？结合着老师的点拨，学生们基本能回答出：作者还批判了看客们麻木不仁、冷漠自私的人性，并对孔乙己这个被看客们推向死亡边缘的"不幸的苦人"感到可悲和可怜。这一思想主题的探讨，使学生透过作品表层的坚冰，感受到鲁迅的真切同情心与潜然忧民泪。再如刘卫平老师在《拿来主义》课堂尾声，引导学生从普通人和文人的不同角度来评价鲁迅——作为一名公民，他敢于在沉默的大多数中挺身而出，发出自己的声音，痛陈时代弊病，针砭时弊，展现了一般人所没有的勇气和魄力；作为一名文人，他扛起如椽大笔，以他对文化的敏锐度告诉民众该如何对待外来文化和传统文化，更体现出他拯救社会的使命感和责任感。另一方面，他们在教学时关注到及时补充作品中的背景资料，帮助学生冲破时代的隔阂，提高对作品的认识和感悟，以求达到心灵的共鸣。例如，朱则光老师在教学《藤野先生》一文时，他给学生们补充鲁迅远涉重洋的目的以及初到日本的境遇，让学生更清楚地认识到藤野先生给予了鲁迅最及时、最需要的帮助，而且不仅仅是学业上的，更是精神和人格上的。这样，更有利于学生感同身受地理解鲁迅为什么会对藤野先生有着如此高的评价和如此深厚的感情。例如饶美红老师在《孔乙己》课堂尾声，让学生思考"鲁迅为什么要塑造一个处于社会边缘的遭社会凉薄的孔乙己形象呢？"通过补充写作背景：鲁迅在日本留学的时候，就经常和友人许寿裳一起探索"中国民族中最缺乏的是什么"的问题，他们当时得出的结论是：我们民族最缺乏的东西是诚和爱，而这种爱的缺乏，往往表现为一般群众精神的麻木，对不幸者采取冷漠的旁观的态度。这可以帮助学生更好地理解，鲁迅借《孔乙己》一文揭露并批判了一般社会对于苦人的凉薄，以及鲁迅对"改变国民精神，不做冷漠的看客"的殷切期望和不懈追求。再如，熊芳芳老师在教学《拿来主义》时，花费近五分钟的时间来补充只在课文注释中提到的邵洵美，为的是让学生明白鲁迅对人的评判偶尔也会有失客观性，伟人也有其平凡的一面。这种去掉一切粉饰、还原本来面目的教学方式，不仅没有贬损鲁迅的形象，反而使学生认识到鲁迅也是一个有着各种情感的真实的人，让学生更愿意主动地走近他、了解他。

二、探寻鲁迅的语言魅力

言语，是语文安身立命的根本；言必有据，是文本赏析的关键。鲁迅的文章之所以在时代的长河中历久弥新、影响深远，不仅在于其深刻的思想内涵，还在其高超的语言魅力。鲁迅作品的语言风格极具个性，无论是简单凝练的平铺直叙，匠心独运的遣词造句，抑或是委婉深切富有韵味的表达，口头与书面、庄重与戏谑各式语言风格的杂糅等，都将汉语的魅力展现得淋漓尽致。新课标明确指出："语文课程应引导学生热爱国家通用语言文字，在真实的语言运用情境中，通过积极的语言实践，积累语言经验，体会语言文字的特点和运用规律，培养语言文字运用能力。"[①] 从课例中可以看出，以上 12 位教师都特别注重从文本的语言入手，带领学生从字里行间细细品味鲁迅作品的语言艺术。通过对鲁迅作品中高超的语言艺术的涵泳品味，学生不仅能够透过字里行间所流露出的情感感受到鲁迅先生的精神世界，同时能深刻感悟到汉语的魅力，对学生阅读素养和写作能力的提升大有裨益。一方面，他们在教学时有意识地培养和训练学生的语言文字运用能力。例如，朱则光老师在讲到藤野先生为鲁迅"添改讲义"事件时，让学生思考"添改"能不能换成"修改""订正"等词语，从炼字中感受鲁迅语言的简洁准确；高冉老师在教学《藤野先生》一文时，也关注到了炼字炼句：让学生思考藤野先生说的"我的讲义你能抄下来么"能不能改成"你能抄下来我的讲义么"。这一语序的改变会使藤野先生对学生关切、亲善的态度大打折扣，从中也可以使学生感受到语言对人物塑造的重要作用。再例如，黄厚江老师教学《孔乙己》一课时，让学生们结合孔乙己的性格特点和当时的社会环境，思考小说

---

① 中华人民共和国教育部制定.义务教育语文课程标准[M].北京：人民教育出版社,2022.

哪个地方还可以写孔乙己的"手"，并且想象描写孔乙己"死"时"手"的样子。这里的"补写"，是对"阅读"的深化，是学生依据自己的阅读审美体验进行文学创造的过程，能够提高学生的语言表达能力和文本写作能力。再如闫敬霞老师在教授《拿来主义》一文时，注重杂文教学也要回归语文的本真，即从语言入手，通过对字、词、句、段、篇的品味，感受语文的魅力，学习语言的表达，提升语文的素养。整堂课，她重视"读"，读的要求各有侧重；重视"写"，检查预习时，先听写字词，这在中学观摩课上实属罕见；重视"品"，不仅品文题，品词语，还品语句。另一方面，他们在教学时还注重通过有感情诵读、揣摩语句情感等方式，增强学生对文字的真切感受，让学生用自身的体验去触摸作者情感的脉搏，从而实现学生与文本的对话、与作者的对话。例如，高冉老师在教学《藤野先生》一文时，让学生模仿鲁迅和藤野先生说话的语气，有感情地朗读他们之间的对话，从而体会人物的性格特点以及鲁迅丰满而洗练、含蓄而隽永的语言描写；肖培东老师在教学《孔乙己》一课时，与学生分角色朗读掌柜与酒客谈论孔乙己被打断腿的对话，从这一连串问答中提示语和主语的缺失，以及"后来呢，后来呢，后来呢"这些急切的短句，可以看出掌柜对孔乙己的生死根本就不关心，只想知道个中故事，好在以后作为谈资；闫敬霞老师在教学《拿来主义》时，让学生加上体态语言，一边表演，一边朗读"当然，能够只是送出去，也不算坏事情，一者见得丰富，二者见得大度"这句话，从而感受反语幽默讽刺的表达效果。这三位老师都是让学生通过朗读的方式，将无声的视觉语言化为有声的听觉语言，给抽象静止的文字赋予真实具体的情感，充分调动了学生对文本情感的体验，因读品文，因读悟美。另外，肖培东老师讲授《孔乙己》一文时，关注到了标点的作用："许是死了"这句话为什么要用句号结束？换成感叹号可以吗？学生通过反复的朗读品味，可以发现，句号结束给人一种平平淡淡、不轻不重的感觉，更能表现出孔乙己的生死对周围人的无足轻重，揭示出了社会的冷漠和凉薄。12位老师对文本语言魅力的探寻，使鲁迅作品教学回归到文学本身、语文本身，促进了学生审美鉴赏能力和文本领悟能力的提高。

三、触摸鲁迅的思想高度

鲁迅作品以其思想的深刻性与先锋性著称，其中既有"俯首甘为孺子牛""我以我血荐轩辕"的自我牺牲精神与爱国主义情感，也有"哀其不幸，怒其不争"的国民批判精神与"立人"意识。鲁迅的"大恨"正是源于他对国家、对国民的"大爱"，恨之愈深，爱之愈切。鉴于鲁迅作品本身的深邃性与丰富性，以及中学生相对稚嫩的思辨能力和思维特点，决定了语文教师在教学鲁迅作品时需要给予学生正确的引导和启发，从而促进学生对文本的深入理解和把握。以上12位教师在教学鲁迅作品时，善用课堂提问，由浅入深、由外到内带领学生进行文本解读与主题揭示。一方面，他们多采用主问题引导的方式激活学生的思维，例如，肖培东老师在教学《孔乙己》一文时，主要围绕三个主问题进行展开：你们最能记住孔乙己的什么？小说中其他人最能记住孔乙己的什么？这些人真的记住孔乙己了吗？这三个问题把孔乙己的人物形象、孔乙己的悲剧命运以及小说的"反看客"思想主题不着痕迹却又极其高明地串联了起来，一步步将学生的思维引向深入——从"记"的屈辱到"忘"的残酷，再到"看"的冷漠，从而揭示出"一般社会对于苦人的凉薄"。再例如，熊芳芳老师曾说，学生了解了作品"说的什么""为什么说""怎么说的"这三点，就基本完成教学任务了。然而她在教学《拿来主义》一文时却并没有就此罢手。为了让学生真正地读懂、读透"拿来主义"，熊芳芳老师继续引导学生探究第四点"为什么不说"，也就是"在作品中鲁迅为什么对于有些内容不明说或者不详说"。她通过给学生补充介绍课文注释中提到的邵洵美的生平与为人，让学生了解鲁迅在这篇文章中对邵洵美的评价和批判并不客观，从而得出这样的结论：每个人都有自己的缺点，鲁迅也不例外，所以要用"拿来主义"的姿态去读鲁迅的《拿来主义》。这一教学环节无疑深化了该作品的教学境界，使学生潜移默化地理解和领悟了"拿来主义"的思想内涵。另一方面，通过有效的阅读提示与追问，将学生的思维引向深入。例如朱则光老师在《藤野先生》课堂伊始，便抓住了鲁迅对藤野先生评价中的"伟大"一词进行提问：为什么鲁迅会给予藤野先生"伟大"这样高的赞誉？学生通过概括鲁迅与藤野先生交往的事件，感受到藤野先生具有认真严谨、求真务实、循循善诱、关心备至的良好品质。朱则光老师进一步追问：仅凭最多是体现优秀教师职业素质的品质，就让鲁迅用"伟大"一词来称颂，是不是有点勉强？于是师生继续深入探究：鲁迅是在什么情况下遇到藤野先生的？——鲁迅为了寻求先进的学问和思想来到日本，但"东京也无非是这样"令鲁迅感到愤慨、失望和厌恶；到了仙台，鲁迅虽然"颇受了这样的优待"，但这并不是他真正所需要的；正在山重水复疑无路时，藤野先生如雪中送炭般给了他内心最渴求的帮助——知识、关怀和人格力量！这时候朱则光老师进一步追问：现在，"伟大"这个词有着落了吗？目前藤野先生对鲁迅的关爱依然是个人对个人的，还没有上升到一定的高度，不足以称之为"伟大"，所以文章没有止笔。进而继续引导学生从民族、从时代的角度分析藤野先生的"伟大"之处——从"匿名信"和"看电影"事件可以看出，藤野先生对鲁迅的这种看似没有超出正常师生情谊的关怀，居然是发生在这样的心理背景之下：鲁迅不但在失望中苦苦追求，而且在追求中常常受辱；这种关怀是发生在这样的社会背景下：日本举国都在歧视中国人，中国人自己也麻木不仁。藤野先生这种这种超越民族偏见的无私关爱和真诚鼓励，是常人所不及的大爱、大善、大美！这样的老师难道还不够"伟大"吗？通过这一次次的追问，学生对"伟大"的认知，已经从模糊变得清晰，变得立体、丰富起来，对这篇文章想要表达的思想主题也有了更加深入的领悟。原本对于中学生而言，鲁迅的作品就像天空中的繁星，尽管璀璨却遥不可及，而教师的有效引导和点拨却能架起一座天梯，帮助学生触摸到鲁迅思想的高度，从而逐渐走近鲁迅、读懂鲁迅。

四、发挥鲁迅的教育意义

民国以来，鲁迅作品一直是中学语文教学中不可或缺的重要资源，不完全是意识形态的因素，最根本的原因在于语文教育的需要。如果语文教育缺少正确的人文导向，忽视自由、平等、博爱的基本理念，缺乏爱国主义情感培养和人道主义精神教化，国人哪怕物质上变得再富有，精神上依然无法真正站起来。无论是语文能力的提升，还是人文精神的培育，鲁迅作品仍然是中学生目前能接触到的最好的教学资源。他的作品中体现的批判思维和自省意识，对真善美的追求、立人意识的觉醒和民族精神的树立，对语言表达的精益求精等等，对当下中学生而言都是无可替代的经典范本。以上12位教师在教学鲁迅作品时，都注重发挥其对当代中学生的语文教育意义，帮助学生树立正确的世界观、人生观、价值观。例如，高冉老师在《藤野先生》课堂结束时说道："一堂课小而言之是学文，大而言之是学情。让我们读着这文，记着这人，带着这情，以严谨求实的态度对自己，用博爱公正的态度待他人，遇国家危亡时甘当己任，在民族发展时勇做栋梁！"①《藤野先生》一课使学生学有所获，既要学习藤野先生严谨求实的工作态度和平等博爱的精神品质，又要学习鲁迅的爱国主义情怀，勇担民族发展大任。再如肖培东老师在教学《孔乙己》一文时，引导学生思考："通过记住，通过忘记，通过这些看，你觉得鲁迅先生写这篇文章还想要告诉我们什么？"逐渐让学生明白正是这些看客只想咀嚼他人的悲哀、品味他人的痛苦，只想成为某些痛苦故事的传播者，做幸灾乐祸者，做冷眼旁观者，甚至做恶语相向的人，正是他们慢慢把孔乙己推向了死亡的边缘。肖培东老师通过补充鲁迅说过的"国民，尤其是中国的国民，永远是戏剧的看客"以及"无数个远方，无数的人们，都跟我们每一个人有关"这两句话，启发学生思考在当代社会该如何做人——要至善博爱，不做冷漠的看客。再如，郝玲君老师在《拿来主义》课堂结尾，让学生思考：以"拿来主义"精神，读《拿来

---

① 　高冉.《藤野先生》教学实录 [J]. 语文教学通讯 ,2013(7).

主义》这篇文章，有什么收货？从学生的回答中可以看出，有人学会了挑战权威，要俯视教材而不能一味仰视教材；有人学会了用批判的眼光看待经典，不要迷信经典；有人学会了独立思考和大胆质疑，要与文本进行平等对话；有人学到了鲁迅的勇气，针砭时弊，提出自己独到的见解……可见通过这节课的学习，撼动了学生头脑中存在的"教材就是对的，经典就是对的"的惯性思维，培养了学生发现、思考、质疑的精神，提升了学生的批判性思维和逻辑分析思维。鲁迅作品对青年学生的教育意义在历史长河中历久弥新，接触鲁迅，可以让学生感受到其对国家和民族最真诚、最深沉的热爱，有利于培养学生的社会责任感和人文关怀意识，提高学生的独立精神和批判精神，这种人文教育会使学生终身受益。

第五章 核心素养：鲁迅作品教学价值取向的重塑

结合对鲁迅作品教学价值取向的现实问题及发展趋势的研究与反思，笔者认为，要使鲁迅作品的经典价值焕发新的活力，需要结合时代的发展对中学语文鲁迅作品的教学价值取向进行系统重塑，进而明确鲁迅作品教学的切入点和育人价值。随着语文课程改革的持续深入，"核心素养"作为一个崭新的概念不断被人们提及。在2014年3月教育部印发的《关于全面深化课程改革，落实立德树人根本任务的意见》中提到，发展学生的核心素养是深化课改、实现立德树人目标的基石。《普通高中语文课程标准（2017年版）》具体指出，学科核心素养集中展现了学科的育人价值，是学生在学科学习过程中获得的正确价值观念、必备品格和关键能力。[①] 具体到语文学科核心素养，主要包括语言建构与运用、思维发展与提升、审美鉴赏与创造、文化传承与理解四个方面。当下，语文学科核心素养已经成为中学语文教学的实施准则，更是一种内在的教学价值取向，在语文教学实践中发挥着至关重要的导向作用。

基于此，本研究旨在以"语文学科核心素养"为抓手，结合鲁迅作品的经典教育价值以及当下语文课程改革的发展现状，从语

---

① 中华人民共和国教育部制定 . 普通高中语文课程标准 [M]. 北京 : 人民教育出版社 ,2017.

言、思维、审美、文化四个层面重新定位中学语文鲁迅作品的教学价值取向，从而为鲁迅作品教学的价值认知、价值生成和价值实现提供一定的理论支撑和实践依据。

第一节　语言运用层面的教学价值取向

"语言运用能力是指学生在个体的语言实践中，通过对语言文字的积累、整合和消化，逐步理解掌握其特点及运用规律，总结和完善自己的语言经验，能够准确恰当地运用语言文字来进行沟通表达的能力。"[1]鲁迅作为现代白话文学语言的大师，其作品中的语言丰满洗练、含蓄隽永，与其承载的厚重思想文化相匹配，是对特定时代国民生存状态特征鲜活深刻的表达。他的语言具有高超的视听感染力和巨大的叙事张力，彰显着其独特的认识视角、敏锐的观察能力和极强的表达艺术，往往一字或一句之间就能点活一个人物，绘就一幅图景，剪影一个时代。教材中的鲁迅作品，为学生提供了丰富而生动的语言学习资源，是学生取之不尽、用之不竭的语言学习宝库。中学生如果在不断地学习、积累与赏析中，能够把鲁迅作品的语言艺术了解透彻、做到取其精华为我所用，那么对于其阅读能力、语言表达能力和写作能力的提高是非常有益的。教学鲁迅作品，需要深入挖掘鲁迅作品背后蕴含的巨大语言价值，让学生品味、研读、学习鲁迅富于强烈视听感染力与生命震撼力的语言表达，潜心体会其语言的形象性、深刻性和独特性。

---

[1]　熊建峰 . 语文教育要指向核心素养 [J]. 语文知识 ,2016.5:14.

一、质朴而不失形象的描写

鲁迅善于对诉诸于人的感官的物体形态、色彩进行描写，使读者在对自然美景的联想中感受到撼人心魄的语言魅力。例如，百草园里碧绿的菜畦、紫红的桑葚、肥胖的黄蜂……一个个不同的事物，色彩缤纷绚丽，形象鲜明突出，能够瞬时抓住读者的眼球；在树叶上长吟的鸣蝉、伏在菜花上的黄蜂、直窜向云霄的叫天子……生灵们动静结合，生动有趣，也让读者体会到了儿童心灵世界的自由与美好；鲁迅对百草园这段声、色、形、态兼具的生动刻画，使人读起来有滋有味，仿佛身临其境地走进了这个美丽而富有生机、有趣而令人神往的童年乐园。再例如，鲁迅笔下社戏沿途的夜色美景不仅有声有味，而且有形有色：听觉上，能听到孩子们的说笑声、周围的嚷闹声、潺潺的激水声、婉转悠扬的横笛声；嗅觉上，能闻到扑面而来的豆麦和水草的清香；视觉上，能看到淡黑色的兽脊般起伏的连山。作者用他丰富细腻的笔触，描绘出一幅江南水乡所特有的清新优美的图景，也让读者感受到孩子们去看社戏时兴奋快乐的心情，可谓情与景浑然交融。

鲁迅善于运用质朴逼真的白描手法和人物形象的前后对比来塑造典型人物、展现人物性格。孔乙己第一次出场时，说他是"站着喝酒而穿长衫的唯一的人"，简简单单几个字，就把孔乙己鲜明的性格特点和社会地位揭示了出来：明明经济拮据、贫困潦倒买不起酒菜，享受不了长衫顾主去里屋坐着喝酒的待遇，却又不愿脱下长衫与短衣帮为伍，放下自己读书人的架子，正可谓是欲上不能、欲下不甘，落魄与清高、迂腐与穷酸尽在这长衫之中。孔乙己最后一次出场时，原本青白色夹带着伤痕的脸已经变得"黑且瘦""不成样子"，原来那件又脏又破的长衫也已经变成了"破夹袄"，原本还能站着喝酒，现在被打折了腿，只能坐着用手"走"过来……鲁迅寥寥几笔，便写出了孔乙己与第一次出场时形象的鲜明对比，作者在这里虽然没有直接讲述孔乙己被打折腿的过程，却通过他肖像、动作、神态上的变化，让读者在脑海中自然而然地想象再现他饱受折磨与欺凌的悲惨遭遇，展现出鲁迅刻画人物朴素无华、毫无斧凿痕迹，却又准确有力、入木三分的卓越才能。

鲁迅还善用新奇生动的比喻修辞，使得事物形象立体鲜明，人物性格鲜活饱满、具有典型性。例如《故乡》一文中，将"两手搭在髀间，张着两脚"的豆腐西施，形容成"画图仪器细脚伶仃的圆规"，使一个尖酸刻薄的市井妇女形象瞬间深深烙印在我们的脑海中，读之令人发笑，笑过后也不免泛起些许悲凉；当"我"二十年后再次与闰土见面时，文章写道："我们之间已经隔了一层可悲的厚障壁了"，这句采用借喻手法，把"我"和闰土之间的隔膜喻为"厚障壁"，将两人的距离和作者内心的沉痛感化无形为有形、变抽象为具体；"那手也不是我所记得的红活圆实的手，却是又粗又笨而且开裂，像是松树皮了"，把成年闰土饱经风霜的"手"比喻为"松树皮"，及其准确形象地交代了闰土生活的艰辛苦楚，读之令人悲悯。在《社戏》月夜行船一段中也有一处用词精当、令人赞叹的比喻——"淡黑的起伏的连山，仿佛是踊跃的铁的兽脊似的，都远远地向船尾跑去了"，这里的"踊跃"是跳跃的意思，起伏的连山像野兽奔跑的脊背，既写出了群山连绵不绝的姿态，也以动写静侧面烘托出行船之快和"我"急切的心情。在《藤野先生》一文中，描写清朝留学生"头顶上盘着大辫子，顶得学生制帽的顶上高高耸起，形成一座富士山"，通过夸张和比喻形象写出了清朝留学生可笑的打扮和丑态，讽刺其附庸风雅、庸俗丑陋、腐朽糜烂的精神状态。

二、幽默又不失深刻的表达

鲁迅作品的语言尖锐泼辣、含蓄幽默，常常运用反语来揭示被否定事物的不合理性，从而加强表达的战斗力和冲击力。例如《藤野先生》中形容清国留学生的"标致极了"，"标志"一词的原意是"漂亮"，鲁迅在这里褒词贬用，表面上说他们甚是标致洋气，但实质上却表现了清国留学生国民迂腐落后、盲目跟从的麻木心理，隐含了作者对留学生们崇洋媚外、自我陶醉丑态的讽刺与批判；"有一间的地板便常不免要咚咚地响得震天，兼以满房烟尘斗乱，问问精通时事的人，答道，那是在学跳舞"这段话里多处使用了反语，"精通时事"不是指国家大事，而是一些无聊庸俗的闲事，是一种讽刺手法，意味深长，引人深思；文章最后"再继续写些为'正人君子'之流所深恶痛疾的文字"也使用了反语，这里的"正人君子"指的是为军阀政客（帝国主义封建势力）张目而自命为正人君子的文人，作者以反语见真情，表达了自己失望、痛苦、愤懑的心情和喷涌而出的爱国主义精神。《拿来主义》这篇杂文里更是充分表现了反语所产生的讽刺效果，例如"还有几位'大师'们捧着几张古画和新画，在欧洲各国一路的挂过去，叫作'发扬国光'"，这一句话中的"大师""发扬国光"都是褒义词，却在这里借以讽刺当时政府为求得外国的"高尚赞美"而做出的可耻行为，不仅没有"发扬国光"，反而使国光蒙黑蒙耻。"总之，活人替代了古董，我敢说，也可以算得显出一点进步了。"这一句同样是运用了反语中寓贬于褒的修辞手法，"进步"原本是指人或事物向前发展得比原来好，而这里却说"活人代替了古董"是一种"进步"。可见，这个"进步"实则是用来批判当时政府用"活人代替古董"的这种腐败、虚伪的落后行为。鲁迅的杂文巧妙地运用反语这种修辞手法，冷嘲热讽中不失幽默诙谐，给一切反动势力以无情地揭露和猛烈地鞭笞，让读者深受鼓舞。

三、矛盾却极其贴切的叙述

鲁迅常常将相互矛盾的判断并置，用这种特殊句式来表达他复杂的感情和缠绕的思绪，从而引发学生对文字背后的言外之意进行深入思考与探究。例如《从百草园到三味书屋》中写到，百草园里"似乎确凿只有一些野草"，"似乎"和"确凿"是两个意义相反的词语，从字面上看，这好像是一个"语句不通"的病句，但实际上鲁迅是想借此表达他对百草园的复杂情感：一方面，从成年人的眼光看，百草园实际上确实是只有一些野草的"荒园"；另一方面，在童年的"我"眼中，这野草里还有"低唱"的油蛉、"弹琴"的蟋蟀、"美女蛇"的故事以及雪地捕鸟的趣事，所以又是儿时鲁迅的"乐园"。这个看似矛盾的句子可以激发起学生的好奇心：百草园里仅仅只有一些野草吗？如果只有野草，为什么会成为"我的乐园"？从而使学生带着问题与思考阅读下文。再例如《孔乙己》一文的最后一句"大约孔乙己的确死了"，"大约"和"的确"是相互矛盾的一组词，"大约"表示推测，自从孔乙己盘着双腿用手撑着离开咸亨酒店后，就没人见过孔乙己，这从客观事实上不能证明孔乙己已经死亡，所以用"大约"一词表示主观揣测；"的确"表示"肯定"判断，孔乙己最后一次到酒店喝酒时已经被打断了腿，穷困潦倒不成样子，在当时那个黑暗冷漠的社会里，他不会得到旁人的关爱和照顾，残疾后的孔乙己也不具备了生存技能，可以想象在那个寒冷的冬天等待他的只有死路一条，所以用"的确"一词来表示客观结果。"的确"是肯定的，"大约"又是游移的，孔乙己究竟死了没有？没有人知道，也没有人在意，所以就用"大约孔乙己的确死了"这样一句不清不楚的话做了结论，这也与前文的"孔乙己是这样的使人快活，可是没有他，别人也便这么过"相呼应。约数与确数的同时表达，是为了让读者从孔乙己不幸的遭遇与世态的炎凉中，去思索文章想要揭示的深刻主旨——一般社会对于苦人的凉薄。

第二节 思维发展层面的教学价值取向

"思维发展是指学生在学习语文的过程中获得思维能力和思维品质的提升。"[1]语言是思维的工具，文学作品是作者的思维轨迹和思想载体。学生通过学习作家、作者正确的思维方法，逐渐反思和完善自己的语言经验，从而提升思维的形象性、灵敏性、逻辑性、

---

[1] 熊建峰 . 语文教育要指向核心素养 [J]. 语文知识 ,2016.5:14.

创造性和深刻性。鲁迅研究学者冯雪峰在《思想的才能和文学的才能》一文中提到，鲁迅既具备思想的才能，又具备文学的才能，他是一位将两种才能融会贯通的天才，他是用思想家的思考辩证兼文学家的形象表达来扭转中国人思维的。鲁迅作品以其思想的深刻性与先锋性著称，其最大的价值，就在于对国人传统思维的批判和自省意识的树立，它冲破了几千年以来的奴性思维定式——变因循守旧为独立思考、变固步自封为反省革新，从而推动了国民精神从愚昧无知走向理性自觉的步伐。在当今社会，批判精神和自省意识依然是素质教育中不可或缺的重要内容，是提升中学生思维品质的必备内涵。新课标提出："要引导学生学习思辨性阅读和表达，发展实证、推理、批判与发现的能力，增强思维的逻辑性和深刻性，认清事物的本质，辨别是非、善恶、美丑，提高理性思维水平。"所以中学生读鲁迅作品，可以学习鲁迅理性看待社会问题的态度方法和思维方式，能够帮助其逐渐反思和完善自己的思维结构，增强思维的深刻性、灵活性、批判性和创造性，这对中学生独立人格的塑造和思维能力的提升具有重要作用。

一、批判精神的塑造

鲁迅早年选择弃医从文，是因为他意识到：学医只能医治国人身体上的痛苦，而不能医好其心灵上的疾病，只有拿起笔写文章，才能唤醒国人不觉醒的意识、改造国人的精神。改造精神，首先要做的就是改变思维；而鲁迅的第一篇白话小说《狂人日记》，正是挑战国人传统思维的文学标杆。在这篇文章中，他借狂人之口发出这样的质疑："从来如此，便对吗？"这一句话挑战和冲击了国人传统思维中最大的毒瘤——因循守旧、逆来顺受、冷漠自私的"国民劣根性"。黑暗落后的封建统治不仅奴役了国人的身体，也奴化了国人的灵魂，为了让国人从昏睡麻木中清醒，睁开眼睛看一看自己、看一看这个社会，鲁迅创作了大量富有批判意识的经典文学作品，用自己的如椽巨笔揭露、鞭策和警醒世人，力求改变国民蒙昧的精神状态。尽管鲁迅与认为"今日大患，在于国人无思想能力也"的胡适等思想家所见略同，但鲁迅对 20 世纪中国思维变革做出的历史贡献却要大得多。很大程度上是因为鲁迅不仅在理论交锋上唇枪舌剑，而且以典型的文学形象和文学作品对中国人的思维予以深刻而有力的批判。《祝福》中的祥林嫂正是在封建礼教迫害下奴性性格的典型。最初她在鲁四老爷家做工的时候，工资不高，她却勤勤恳恳、没日没夜地劳作，一个人抵得上好几个短工，然而她感到无比的满足。可见祥林嫂所期盼和满足的，仅仅是"做稳了奴隶"，这体现出了她根深蒂固的奴性意识。《阿长与＜山海经＞》里的长妈妈，虽然性格淳朴善良，待人真诚热情，却一直在社会最底层默默生存，人们甚至记不住她的名字。在当时的中国社会，还有千千万万个跟她一样的平凡普通的妇女，正是由于那在封建思想禁锢下沉睡不醒的灵魂，才导致了她们简单无知、守旧狭隘、蒙昧迷信的生命。《孔乙己》中的小伙计，原本应该是在学校受教育的年纪，原本应该是最自由活泼、单纯善良的生命，然而他却和酒店里嘲笑孔乙己的掌柜、酒客们一样，把孔乙己的苦痛当作茶余饭后无聊的谈资，甘心做一名冷眼旁观、幸灾乐祸、甚至恶语相向的看客。《阿 Q 正传》中描写病态社会所导致的自欺欺人、麻木不仁的苦难人生，无不充满了鲁迅对落后腐朽的封建社会、对愚弱冷漠的广大群众的深刻反思与痛心批判。他希望以此来唤醒民族与人性的觉悟，扭转中国人"求诸内"的思维定式。还有《藤野先生》中闲看枪毙中国犯人的同胞，"他们那酒醉似的喝彩"是多么刺耳、多么使人触目惊心。鲁迅正是由于对国民愚昧思想的心痛不已，才义无反顾地走上了文学救国之路，用文字唤醒人们沉默的灵魂！鲁迅作品中批判思维的塑造，冲破了几千年以来的奴性思维定式——将因循守旧改为独立思考，将故步自封改为进步革新，从而推动了国民精神从愚昧无知走向理性自觉的步伐。在鲁迅作品中展现出来的批判精神，绝不是几本关于思维方式变革的哲学著作所能相提并论的，这应该看作是鲁迅对中华民族理性自觉做出的最伟大的贡献。当下，面对信息化时代多元价值观的冲击，更要培养学生独立思考和理性判断的能力，要引导学生以批判的眼光看待大千世界，不断进行自我批评，从而逐步完善自己的世界观和价值观。因此，挖掘鲁迅作品中的批判精神，不仅是培养学生核心素养的必然选择，更是帮助学生健康成长的理性诉求。

二、逻辑思维的培养

茅盾先生曾说："作者头脑中逻辑思维与形象思维的交错进行，使其作品中既有能够映射时代精神的主题思想，又有能够在时代长河中历久弥新的典型人物。"[①]鲁迅的作品就塑造了这样一批栩栩如生的典型人物：孔乙己、祥林嫂、阿Q、藤野先生、长妈妈……这

---

① 茅盾.茅盾论创作[M].上海：上海文艺出版社,1980.5.

些人物形象之所以能跨越时间的长河历久弥新，在读者心中扎下持久深刻的记忆，一方面得益于鲁迅入木三分的形象思维创作，另一方面也离不开其基于逻辑思维的语言表达。鲁迅遵循人物思想性格发展的自然规律，以最精当的语言恰如其分地表达人物特有的观念、判断、推理等，从极其鲜明的逻辑思维活动中彰显人物的个性特征和深邃灵魂。例如《故乡》中，"我"与闰土长大后重逢时，兴奋得不知道说什么才好，只是说："阿！闰土哥，——你来了？……"而闰土停了一会儿，用恭敬的态度分明地叫道："老爷！……"这一声"老爷"，不仅让文中的"我"打了一个寒噤，也让读者顿感悲凉。"老爷"一词在这里饱含了闰土千丝万缕的心理活动，也反映了他长期以来对客观现实的认识和概括——现在不是什么都不懂的小时候，闰土已经形成了明确的阶级观念，他自知社会地位低下，不配也不该与自家的雇主称兄道弟。所以，封建礼法的束缚让他欲言又止，只能挤出"老爷"两个字。鲁迅用"老爷"一词将闰土复杂的逻辑思维活动一语道破，表现了人物在封建思想毒害下迟疑麻木、迂腐落后的性格特点。另外，鲁迅作品中人物挂在嘴边的话语，也在表达着特定的判断，传达着人物特定的个性。例如祥林嫂反复说了三遍的那句"我真傻，真的"，这是她从自身不幸遭遇的血泪教训中总结出来的判断，从中我们可以感受到她饱受摧残的心灵创伤和濒临崩溃的精神世界。再例如，孔乙己"窃书不能算偷"的辩护词，这是多么愚昧无力的虚假判断，又是多么可笑荒唐的自欺欺人。只需要这一个判断，就把孔乙己这个落魄书生贫困潦倒又死要面子的穷酸相展现得淋漓尽致。鲁迅的作品，往往三言两语就将人物本身复杂的思维逻辑充分表达出来，这里不仅表现了鲁迅炉火纯青的语言运用能力，也展现出他运用逻辑思维彰显典型人物典型特征的高深造诣。

鲁迅在《中国人失掉自信了吗？》这篇杂文中表现出的严密的逻辑更是令人赞叹，这篇文章也是学生学习驳论文的优秀典范。这篇驳论性杂文，针对"中国人失掉自信力了"这种悲观失望的论调进行了有力地批驳：作者在文章的开头就树立批驳的靶子，先摆出形成"中国人失掉自信力了"观点的三个既定片面事实，随即一一批驳；在文章的结尾，作者用一连串的比喻，启示人们擦亮眼睛，从本质上看问题，识破敌人的伪装，要看到无数的民族脊梁为了民族的解放和富强进行英勇的斗争，要看到中国人民并未失掉自信力的事实。文章有破有立，语言犀利，论证严密，批驳有力，逻辑严谨，虽然只有七八百字，却像匕首一样刺向对方的要害，畅快淋漓。

三、自省意识的树立

鲁迅的笔不仅是投枪、匕首，将矛头指向黑暗落后的旧社会，淋漓尽致地批判和揭露国人传统思维的"劣根性"；他的笔还是一面镜子、一把手术刀，关注别人、剖析社会的同时也在不断地审视自己，折射出一种真诚的自省意识。正如他自己所说："我的确时时解剖别人，然而更多的是更无情面地解剖我自己！"鲁迅临终前十四天发表的《"立此存照"（三）》一文，告诫自己的同胞须"有'自知'之明，也该有知人之明"。这实质上是重申他青年时期在《摩罗诗力说》中强调的观点："首在审己，亦必知人，比较既周，爱生自觉。"意思就是：首先要审视自己，其次要了解他人，只有在相互比较中实现周全合宜，才能上升到自觉。鲁迅的文字中一直有着深深的自省，这种自省是对自我的主观正视，也是鲁迅实现精神世界自我净化、自我超越的助推器。

《祝福》除了讲述祥林嫂的故事，还穿插了"我"的故事；祥林嫂一步步走向死亡的过程，就是"我"不断自省、走向净化的过程。文章开头提到"一直到昨天遇见祥林嫂的事，也就使我不能安住"，这句话说明"我"对祥林嫂的死充满了愧疚和自责，至少不可能逃脱心灵的叩问。面对祥林嫂提出"一个人死了之后，究竟有没有魂灵"的问题，"我"作为从昏睡中醒来的人却无法给出明确的答复，不能抚慰一个饱受磨难的可怜人的将死之心。于是"我"陷入了一种深深的绝望，这是由对祥林嫂的同情与深知这种同情毫无用处的矛盾情感带来的绝望。于是"我迈开步便走，匆匆的逃回四叔的家中，心里很觉得不安逸"。鲁迅对"我"这一类知识分子群体自私、软弱、冷漠等心理缺陷的无情揭露和剖析，正是他勇于自我审视、自我批评的表现。鲁迅从审视社会、到审视人生，再到审视自我，最终实现了精神世界的升华与超脱。平常人可能在批判剖析他人的时候更得心应手，缺少的正是这种自我反省、勇于担当的品质，所以我们的精神触角才无法触碰到远方，不能成为像鲁迅一样的精神勇士。

第三节　审美体验层面的教学价值取向

"审美体验是指学生通过阅读优秀的语言文学作品,激发独特鲜活的审美想象,感受作者真挚深刻的思想情感,体会作品中折射的人生哲理,进而形成自己自觉的审美思维和审美意识,塑造高尚的审美情趣和审美品位。"[①]阅读的过程就是审美的过程,文学作品之所以能够给人以审美的体验,一方面是它在反映社会生活的同时渗透了作者真实的情感态度,另一方面文学作品的形式本身也带有丰富的文学审美价值。在有些人眼中,鲁迅的作品充满了投枪匕首的战斗精神,是为思想政治教育而生。其实不然,不管是鲁迅的散文、小说、诗歌,还是杂文,它们的文化价值和意义是非常多元的,除了思想的深刻性与启蒙性之外,都呈现出形象性、审美性、情感性的特点,充满了浓郁的文学味和真挚的人情味。所以鲁迅作品教学需要回归文本本身、文学本身、艺术本身,引导学生在与文本的深度对话中真正走进鲁迅,从构思的精巧、刻画的传神、叙述的独特等方面真切感受鲁迅作品的魅力。这种着眼于审美体验的阅读价值取向,是中学语文教学多元解读鲁迅作品的开端,促进了学生审美鉴赏能力和文本领悟能力的提高。

一、文学味的鉴赏

鲁迅笔下的人物入木三分,生动传神。例如《故乡》中"凸颧

---

① 熊建峰. 语文教育要指向核心素养 [J]. 语文知识,2016.5:14.

骨""薄嘴唇"，"像一个细脚圆规"的杨二嫂，作者寥寥几笔就使其尖酸刻薄、油滑势力的人物形象跃然纸上。再例如《祝福》中刻画的祥林嫂，刚到鲁镇的时候"脸色青黄，两颊还是红的"，说明她虽然年轻守寡、生活清贫，但尚未失去生命的活力；再来鲁镇时"两颊已经消失了血色"，反映出她再嫁再寡所遭受的沉重打击与痛苦；当她祭祖被斥退时"脸色灰黑"，变成了一个精神不济的木偶人；而"我"最后一次见她的时候，"脸上已经消尽了先前悲哀的神色，仿佛是木刻似的"，除了眼珠的转动还能看出她是一个"活物"，她俨然成为了一个行尸走肉的躯壳。祥林嫂四次不同的肖像描写，反映出一个平凡的农村妇女在封建礼教一次比一次更为残酷的迫害下，最终一步步走向死亡的深渊。

鲁迅作品言简意赅，炼字精妙，能用贴切的词语，表现丰富的内容，表达强烈的情感，着墨不多但是意味深长。例如在《故乡》一文中，作者回到阔别二十余年的故乡，看到的不是记忆中那般神异美好的样子，反而是如此景象——"苍黄的天底下，远近横着几个萧索的荒村，没有一些活气"。这句话中的"横"字颇有神韵，作者没有用"有""是"这类表示存在的动词，而是用了具有"不规则""不整齐"意思的"横着"，远近的荒村七零八落地"横"在黄土大地上，有一种"被遗弃"的荒凉感，死气沉沉，毫无活力，一个"横"字就生动形象地把辛亥革命后中国江南乡村的悲凉萧瑟活画了出来，让人身临其境地感受到一种纵横杂乱不景气地感觉。再如《孔乙己》中对孔乙己的这句外貌描写"青白脸色，皱纹间时常夹些伤痕"，"夹"这个动词让整句描写直接鲜活了起来，如果换作"孔乙己的脸上布满皱纹，也有很多伤痕"，就会有啰唆之感，而"夹"字生动展现了孔乙己面容的沧桑，只有褶皱多且深才会呈现出这种衰老不振的状态；后面描写到孔乙己被酒客嘲笑时，"孔乙己便涨红了脸，额上的青筋条条绽出"，"青筋"的"青"字已经为这个画面赋予色彩，鲁迅又加入了"绽"这个字，让画面变得更加丰厚立体，因为无论是"凸出"还是"鼓出"都没有"绽出"来得生动，因为"绽"字还融入了夸张的修辞，能够表现出孔乙己突然被人当众揭伤疤涌出的愤怒和尴尬，鲁迅先生用字之精妙可见一斑。

鲁迅作品高超的文学味还体现在其独特的遣词造句方式——乍一看可能会觉得语句不通、晦涩难懂，但是细细品味之后会发现，这些看似繁复艰涩的表达方式蕴含着一种无法形容的语言张力，能够唤起读者"无理而妙"的艺术美感。例如，《祝福》中的一句"但有一年的秋季，大约是得到祥林嫂好运的消息之后的又过了两个新年"，鲁迅没有用"之后的两年"，而是说"之后的又过了两个新年"，"新年"代表新的一年的开始，这里用借代手法使文本产生了陌生化效果，用鲁镇特有的新年祝福气氛烘托出祥林嫂格格不入的悲剧命运。

鲁迅还是比喻和对比的高手。在《拿来主义》中将外来文化比作"大宅子"，批判"孱头""昏蛋""废物"三种人对待外来文化的错误态度，然后用"鱼翅""鸦片""烟枪和烟灯""姨太太"等事物来比喻对待外来文化的正确做法——占有和挑选。这样的论证方式使复杂的问题简单化、深奥的道理浅显化，让读者更容易理解和接受作者想要表达的观点。对比也是鲁迅作品中常用的一种艺术手法。例如《孔乙己》开始介绍了两种喝酒的人，一种是"短衣帮"，一种是"穿长衫"的，用一"短"一"长"，一"外"一"里"，一"站"一"坐"，形成了一贫一富的鲜明对比。《故乡》一文则通篇对比，由景到人，可谓"物非人也非"，让人痛切感受到儿时记忆中的"故乡"与现实故乡的矛盾，从而抒发了作者对未来社会中人与人之间没有隔膜的新生活的期盼。

另外，鲁迅作品的构思也十分巧妙。例如《藤野先生》这篇文章，采用一明一暗两条线索来行文：以作者与藤野先生的交往为明线，以作者深厚的爱国主义情感为暗线。两条线索看似平行又相互交织，正是由于作者爱国，他才会更加感激藤野先生的伟大人格；有了藤野先生的鼓励与支持，才让作者增加勇气，坚持战斗。在文章结尾，作者把他对藤野先生的怀念敬佩之情与自身的爱国之情结合起来，把从往事中汲取的力量与现实的斗争结合起来，两条线索有机整合与深化，使文章所传达的思想主题变得更加丰实和立体。

二、人情味的体悟

在有些人眼中，鲁迅的作品充满了战斗精神，缺乏人情味。其实不全然，除了斗争精神，鲁迅的许多作品更是充满了人间真情和人间大爱。作家王蒙曾经说过，如果非要说鲁迅的"揭露"与其他作家的"揭露"相比有什么不同，那就是鲁迅的爱非常深，这种爱是深到骨子里的。无论是对童年生活的回忆，还是对亲朋好友的怀念；无论是对悲剧人生的同情，还是对"吃人"制度的批判；无论是对人情世故的独特感悟，还是对民族劣根性的猛烈抨击……这些都呈现出一个饱含真挚情感的"人间鲁迅"形象。在鲁迅的作品中,"爱与憎、希望与绝望、决绝与眷顾,从来都是紧紧融合在一起的"[1]。而有"大恨"正是因为有"大爱",有"至冷"正是因为有"至热",我们应该在鲁迅"冰一样冷静的文字"中,去感受他"火一样的热情"。

鲁迅用淳朴善良的乡土情怀,酝酿了一坛饱含泥土香气、令人魂牵梦萦的人情美酒,表达出了对他的精神故乡——绍兴文化的深深眷恋。百草园、三味书屋、咸亨酒店,鲁镇的街景、绍兴的桥,迎神赛会、社戏……作品中毫不掩饰地流露着这种浓厚的地域文化。生活在这里的各色各异的人们,尽管他们或愚昧,或迷信,或悲剧,或怯懦,但绝大多数又充满了醇厚的人情味:《社戏》中因为"我"这一远客的到来,孩子们"都从父母那里得了减少工作的许可,伴我来游戏",足见村民们的热情好客;六一公公原本要责问孩子们偷豆的事,一听是为了请客,便不再问责,反而说道"请客?这是应该的",体现了他质朴慷慨的人性美;《从百草园到三味书屋》中的私塾先生,虽为旧时代的教师,但他对学生比较慈善,他的思想也是比较开明的,"他有一条戒尺,但是不常用,也有罚跪的规则,但也不常用,普通只不过瞪几眼,大声道:——读书!";《阿长与<山海经>》里的长妈妈,虽然愚昧无知、迷信落后,但从她费心思给迅哥儿买《山海经》一事,就可以看出她心灵的可爱美丽和性格的淳厚善良……

另外,鲁迅作品中蕴含着深沉真挚的爱国情感、强烈的社会责

---

[1] 李卫东.重估鲁迅作品的教学价值 [J].中学语文教学,2005(5):3.

任感、独立深刻的理性思考，可以感受到鲁迅作为一个善良的知识分子对个体生命和民族命运浓浓的人文关怀。鲁迅对腐朽陈旧的封建社会、愚昧自私的国民劣根性进行的猛烈批判，其背后实则是鲁迅对这些深受封建毒瘤迫害的劳苦人民深切的爱，是对家国前途命运的强烈忧患意识，是他以天下为己任的赤子情怀！《藤野先生》一文可谓是鲁迅赤子爱国情怀的生动写照，他在日本辗转求学的经历始终贯穿着强烈的爱国主义精神：他厌恶盘着辫子崇洋媚外、不学无术的清朝留学生，他们追求的是个人的享乐，过着腐朽糜烂的生活，毫不顾念正处于水深火热的祖国和灾难深重的人民；他站在"日暮里"站台不禁抒发"日暮乡关何处是"的思乡忧国之情，难以忘怀抗清志士朱舜水的客死之地——水户，一个游子的爱国之心和历史名人的心在异国他乡竟贴得如此之近；他对藤野先生抱有无尽的尊重和感激之情，是因为他对外国学生毫无偏见，能一视同仁、公平公正地用严谨治学的态度向中国留学生传授医学知识，仔细想想，鲁迅对藤野先生的敬畏之情无不是从爱国主义的角度出发的；"幻灯片"事件更是他弃医从文的转折点，为了拯救愚昧的国民，鲁迅决心以笔戈为武器唤醒国民麻木的灵魂，在精神领域实现以身报国。另外，鲁迅在《故乡》中也有提到："我又不愿意他们因为要一气，都如我的辛苦展转而生活，也不愿意他们都如闰土的辛苦麻木而生活，也不愿意都如别人的辛苦恣睢而生活。他们应该有新的生活，为我们所未经生活过的。"尽管鲁迅看到了现实生活的黑暗与不幸，尽管他对国民感到"哀其不幸，怒其不争"，但他没有放弃希望，依然在黑暗中坚韧地寻找前行之路，探寻着"真善美"这些人类精神生活的终极目标。他文字中体现出来的"我以我血荐轩辕""俯首甘为孺子牛"的自我牺牲精神与使命感,何尝不是一种"道是无晴却有晴"的人间大爱呢!

第四节　文化教育层面的教学价值取向

在当今社会,随着科技的发展、多元文化的冲击等诸多因素的影响,不少青少年缺乏社会责任意识和独立精神,无视个人与社会的关系,这已经成为中学教育无法回避的严峻问题,所以加强学生文化传承与理解迫在眉睫。文化教育的重点是立德树人,让学生通过阅读优秀的文学作品,形成对个人与国家、个人与社会、个人与自然关系的思考和认识,树立积极进取的人生追求,增强为实现民族伟大复兴而努力奋斗的责任意识。[①]鲁迅作为我国现代民族文化的开创者和奠基人,其作品不仅对本民族黑暗腐朽、泯灭人性的落后文化进行了强烈抨击,也传达出深刻的立人意识和民族精神,对后世提升文化自觉、文化自信,防止文化上的民族虚无主义具有经久不息的教育价值。学习鲁迅作品,可以让学生了解到从青年时代就立志"我以我血荐轩辕"的鲁迅,一生都致力于改造和革新国民精神;可以让学生感觉到鲁迅对中华民族沉重的忧患意识和炽热的民族情感;可以让学生潜移默化地从丰厚的文化精神里汲取养料,深化对个人与国家、个人与社会、个人与自然关系的思考和认识,进而涵养自己的人文素养和文化观。

[①]　郭家海. 语文核心素养及其落实 [J]. 中学语文 ,2016(7):20.

一、立人意识的觉醒

在封建专制思想的禁锢下，民族传统文化推崇群体，抑制个体。鲁迅正是痛感"个人"在专制文化统治下被扭曲、奴役的悲惨境遇，才选择以笔为戎，终其一生为争取民族心灵的真正解放、追求人心的独立与自由而不懈奋斗。"人"是鲁迅精神的核心，鲁迅通过批判国民劣根性来呼唤国人个体尊严与个体奋斗意识的觉醒。鲁迅在《文化偏至论》中写到："新的文化精神的建立，其首在立人，人立而后凡事举；若其道术，乃必尊个性而长精神。"[①]改革国民性，是为了立人，因为只有"只有当个体尊严和独立思考能力的人被确立起来，一个现代意义上的中国的崛起和强大才是有可能的"[②]。"立人"指的是每个人可以成为受自己意识支配的个体，人的基本权利和自我价值能够得到尊重和实现，反对一切奴役，追求个性解放。这一观点也与"立德树人""语文立人"的教育理念不谋而合，时刻提醒着今天的青少年不要一味的顺从，不要忘了寻找自己的路，始终保持独立、自由的人格。

鲁迅先生的立人精神，不仅表现为他爱憎分明的态度与强烈的是非观念，还表现为他对落后愚昧事物的抨击，对美好事物的极力赞美和奋力追求。例如《祝福》中的祥林嫂，一开始并没有向可悲的命运屈服，她吃苦耐劳、质朴顽强，希望通过自己的努力摆脱人们对寡妇的偏见。然而在她"捐门槛"之后，依然不许触碰祭品，在旁人眼中她还是一个"败坏风俗"的人，残酷的社会现实使她丧

---

① 鲁迅 . 文化偏至论 [J]. 河南 ,1908(7).

② 钱理群 . 鲁迅的现在价值 [J]. 社会科学辑刊，2006:178.

失了基本的人权，腐朽的封建礼教给她带来了无法弥合的精神创伤，伴随着灵魂的死亡，祥林嫂的肉体也只能悲惨地活着又孤独地死去，最终沦为"被人们弃在尘芥堆中的，看的厌倦了的陈旧的玩物"。孔乙己也是一样，尽管能在茶余饭后给人们增添些许笑料，可是没有他，也不会对别人造成什么影响。他的有无是无关紧要的，他根本就不是一个得到别人关怀、被人真正记住的"人"。他们的"记"，只是记住了他的伤疤，记住了他可悲又可笑的遭遇；但被他们遗忘的，是孔乙己作为"人"的真正价值和尊严。鲁迅正是通过作品中典型人物形象的塑造和黑暗社会现象的批判，来表达自己强烈的立人意识——要以个人的自觉为基点去实现群体的大觉悟，不能一味顺从而丢失自己的独立人格和自由意志，要"尊个性而长精神"，将命运掌握在自己手中。在《中国人失掉自信力了吗？》一文中，鲁迅深情呐喊道："我们从古以来，就有埋头苦干的人，有拼命硬干的人，有为民请命的人，有舍身求法的人，……这就是中国的脊梁。"在那个革命年代，这样的文字鼓舞着一批又一批先进分子为民族解放勇敢斗争，不懈奋斗。即使在当今的和平年代，也有一大批华夏儿女薪火相传着这种精神——面对突如其来的新冠疫情，一批又一批抗疫勇士奔赴前线成为最美的"逆行者"，许许多多默默无闻的国人都凭借着一己之力"点亮一束光"，这些星星斑斑的光束汇集成火炬，照亮了前方的抗疫时光。鲁迅作品中蕴藏着丰富的文化资源，是学生立德树人的榜样，审视鲁迅的文化历程与成长之路，可以让学生从文化巨人"鲁迅"身上获得精神养料和文化启迪，这对学生来说是非常宝贵的德育资源。

二、民族意识的树立

鲁迅通过对国人生存状态和精神面貌的深刻审视，他发现中国几千年的历史不过是在"想做奴隶而不得的时代"和"暂时做稳了奴隶的时代"中循环，"国民性的丧失"是病态扭曲社会的根源。所以，他认为唯有民魂是值得宝贵的，唯有发扬民魂，才能改变当时的民族生命状态，中国才有真进步。在鲁迅的作品里，处处蕴含着对国民性的批判，他想通过自己"匕首"般的笔触，警醒世人沉睡已久的民族精神和民族情感。鲁迅是我们民族旧思想斗争中的一面鲜明的旗帜，是中国新文化运动的主将，鲁迅作品中所表现出来的强烈的民族意识，影响和激励着无数有志于中国革命和解放事业的人们；在当今社会，这对增强青少年为中华民族伟大复兴而奋斗的使命感也具有重大教育意义。

《藤野先生》就是很有代表性的一部作品，每一处无不透露着鲁迅对民族真挚而深沉的情感，无不透露着他救国救民的决心。"中国是弱国，所以中国人当然是低能儿。"这句话虽说是反语，但表达了鲁迅对祖国受此大辱的愤慨以及对帝国主义这种"民族偏见"错误思想的抨击。"这种欢呼，是每看一片都有的，但是我，这一声却特别听得刺耳。"鲁迅之所以会觉得"刺耳"，是因为他做不到看着自己的同胞被杀却依旧鼓掌欢呼，他的民族自尊心受到了伤害，这也恰恰表现出了他对祖国的热爱，表现出了他强烈的民族情感。《故乡》一文也有蕴含着鲁迅对民族解放、民族强大的深切希冀。文中对成年闰土生活景况的描写是这样的——"多子、饥荒、苛税、兵匪、官绅都苦得他像一个木偶人了"。从中可以看出，像闰土这样贫苦农民的悲惨遭遇并非都是他个人所造成的，整个社会对他们的欺压也难辞其咎，且这种悲剧命运具有很明显的普遍性。因此，作者在叙述回乡经历的同时，更多的是在向我们陈述这样一个道理：在当时社会背景下，解决亿万劳苦农民的困苦生活和悲惨命运并不是他们个人自身的问题，而是整个社会乃至整个民族迫切需要解决的首要问题，要想民族独立、民族解放，就必须先解放被压迫在社会最底层的农民阶级。小说最后以"我"离开故乡时的思考作为全篇的结束，"我"希望后辈们"应该有新的生活，为我们所未经生活过的"，直截了当地指出了如闰土这样辛苦麻木的生活不能再一代代的延续下去了，一场轰轰烈烈的废除旧制度、打破封建枷锁束缚的革命斗争迫在眉睫！这种对后辈的改造旧社会、创造新生活的殷切希望，不正是鲁迅强烈民族忧患意识最纯粹的表现吗？尤其是小说结尾那句经典名言："其实地上本没有路，走的人多了，也便成了路"，力图唤醒像闰土一样饱受压迫的旧社会最低层人民群众，号召人们行动起来，共同为开创新生活而努力奋斗。另外《拿来主义》一文也处处体现着鲁迅的民族意识："'送去'之外，还得'拿来'。"不能只是把我国的优秀文化送到外国，还需要将外来文化取其精华、去其糟粕、为我所用，不断充实、革新我们的民族文化。再看看其他中国人是怎么做的呢？——有的甘做因循守旧、顽固不化的"孱头""昏蛋"，有的崇洋媚外，做一个盲目接受一切的"废物"，当然更多的人是选择做一个冷漠的"看客"！在他们眼中，民族忧患与自己无关，别人的生死也与自己无关，永远是一副"事不关己高高挂起"的生活态度：例如，将孔乙己挨打的悲惨遭遇当作笑料与谈资的酒客们；咀嚼品味祥林嫂不幸命运的鲁镇女人们；向狂人射出"吃人"目光的路人们；给俄国人做侦探，被日本军捕获，要枪毙了，围着看的中国人……他们只想咀嚼他人的悲哀、品味他人的痛苦，只想做这些痛苦故事的传播者、冷眼旁观者，他们既是封建思想的受害者，又是封建文化的帮凶。因此，鲁迅曾经说过一句话："国民，特别是中国的国民，永远是戏剧的看客。"这些"看客"形象的塑造，反映出国人精神的麻木和社会环境的冷漠正是根源于民族意识的缺失，这对后世仍具有深刻的教育警醒意义。

三、人道主义精神的宣扬

人道主义精神是在平等基础上爱护人、关怀人、尊重人的一种思想意识。这种精神在新文化运动时期生发萌芽，在五四运动时期得到发展，鲁迅的众多作品也融入了这种思想潮流。他的文章以人为本位，表现出对人的地位与命运的深切关怀，尤其是对弱势群体的关爱和对劳苦大众的同情与怜悯，着重反映出人的价值、人的尊严。在他的作品中，"人"成为鲁迅批判传统文化的唯一价值尺度，也是鲁迅思想关注的核心问题。挖掘和领悟鲁迅作品中的人道主义精神，符合语文教育坚持德育为先的基本要求，有利于培养学生正确的价值观和必备品格。综观中学语文教材中鲁迅作品所宣扬的人道主义精神，主要有以下几个方面：

首先是主张人与人之间的平等，尤其是要与劳动人民平等相待，而不是居高临下。例如在《故乡》一文中，"我"作为接受过现代启蒙思想的知识分子，回到故乡，见到阔别二十余年的童年好友，很兴奋地主动打招呼："阿！闰土哥，——你来了？……"而闰土回应"我"的，却是态度恭敬的一声"老爷！……"这犹如晴天霹雳一般，一下将两人的距离推开了十万八千里，这是现代意识的平等思想与封建等级观念的一次严重"碰撞"！于是，"我就知道，我们之间已经隔了一层可悲的厚障壁了"。所以在文章结尾，"我"希望能够推倒这层"厚障壁"，消解人与人之间的隔膜，"他们应该有新的生活，为我们所未经生活过的"，即人与人之间真正实现不分等级的平等相处。鲁迅在"隔膜"这一思想主题的背后，蕴含的是平等思想，从而使《故乡》这篇文章充满了浓厚的人道主义色彩。

其次主张人与人之间相互关爱，不要做冷漠的"看客"。例如在《社戏》一文中，村里的人淳朴好客，"在小村里，一家的客，几乎也就是公共的"，小朋友们也因"我"的到来而从父母那里得到了减少工作的许可，陪"我"游戏。他们一个个热情、善良、友爱、无私，也正是在他们的帮助下，"我"才得以去看那年的社戏。回来的时候因为肚饿，大家商议一起去"偷"罗汉豆，阿发因为自己家的罗汉豆大，便让大家摘自己家的。后来六一公公得知大家"偷"吃了他的罗汉豆，非但不生气，还特地送了些豆来给"我"和母亲品尝。这些种种，无不显示出人与人之间那种互助友爱的和谐关系，更是鲁迅追求的人道主义情怀的理想所在。然而在《孔乙己》中讲述的人与人的关系却大相径庭，无比冷漠凉薄。文中有一句话，"孔乙己是这样使人快活，可是没有他，别人也便这么过"，在大家眼里，孔乙己是一个可有可无的人，除了掌柜会惦记他的欠款，没人会去真正关心他的生死、关心他的生命存在与生命状态，他只是大家茶余饭后的谈资与笑料罢了。造成孔乙己悲剧命运的原因，除了他自身好吃懒做、抱残守缺的性格弱点以及封建科举制度对读书人的毒害和封建愚昧思想的侵蚀，还有一个不容忽视的因素就是冷漠的社会环境和冷血的人情。当孔乙己被打断了腿境遇凄惨时，没有人为他发出不平之声，也没有人向他伸出援助之手，他得到的只是嘲弄和冷漠。在这篇文章中，鲁迅以冷峻讽刺的批判方式，提出了人道主义精神中"爱"的命题，希望冷漠的"看客"越来越少。

人道主义精神还主张尊重人的价值和生命自由。例如在《祝福》一文中的祥林嫂是旧中国劳动妇女的典型，她勤劳善良、朴实顽强，但在封建礼教和封建思想占统治地位的旧社会，她被践踏、被迫害、被摧残，直至被旧社会所吞噬。她曾尝试努力挣扎与反抗，为了不被自私自利的婆婆嫁到深山里去，她逃到了鲁镇谋生，想要获得支配自己命运的自主权。然而没过多久就被恶婆婆抓了回去，哪怕誓死不从，"一头撞在香案角上，鲜血直流"，也没逃过嫁人的命运，她的反抗是无力和无效的。但祥林嫂的悲剧，不仅在于被迫再嫁再寡、丧夫丧子，而且在于由此得来的"罪名"——说她是败坏风俗之人；不仅在于肉体上的折磨，更是在于精神上的摧残——说她死后要被阎罗大王锯开分给她的两个男人。后来，祥林嫂想用辛苦积攒的钱以捐门槛的方式来摆脱受人歧视的屈辱身份，但说明她不是为了自由而反抗，而是为了顺从封建礼教而反抗，这种反抗无疑是戴着枷锁去争取个人的自由和尊严。但最终还是被这副枷锁压垮了——人们并没有因为她捐门槛赎罪而改变对她的歧视，一句"你放着罢，祥林嫂！"让她的生存信心彻底毁灭。祥林嫂最后的死亡，与其说是挨饿受冻穷死的，不如说是忍受不了精神上的酷刑。因此，鲁迅所宣扬的人道主义精神的深刻性，表现在对个体的"人"的命运的尊重与关怀上，为了改变社会中的不合理性、打破人们的精神枷锁不懈追求。

第六章 研究启示：对中学语文鲁迅作品教学的建议

以上，本研究结合历史的追溯和现实的分析两个方面，透视了中学语文鲁迅作品教学价值取向的变迁及发展，并且结合鲁迅作品经典课例的比较研究，从语言运用、思维发展、审美体验、文化教育四个层面对中学语文鲁迅作品的教学价值取向进行了系统重塑。那么本研究对中学语文鲁迅作品教学又有哪些启示呢？笔者将从以下几个方面来谈一谈自己的拙见。

第一节 深入文本解读，触摸思想力量

文本解读是指读者通过感受、理解和分析文本语言文字，能够准确提炼文本表达的思想内容，深入把握语言运用的特点，对作品做出自己内在的反应和评价。对于鲁迅作品的解读，众说纷纭、数量繁多，仅仅是教辅书中的参考资料，就已经远远超出了作品本身。语文教师如果迷失在鲁迅的相关教学资料里，会发现"要讲的"和"该讲的"实在太多，若跟学生一一讲来，是在中学语文教学中不可能完成的任务。另外，由于鲁迅作品内涵的复杂性和思想的深刻性，学术界对其主题的分析也是各执一词、意见不一，如果语文教师将这些观点合盘讲授给学生，这显然也是不恰当的。尽管

鲁迅作品具有语言、审美、思维、文化等多元的教学价值和时代意义，作为教师需要认真研读文本，明确不同作品对于鲁迅、对于中学语文教学体系的侧重价值，大胆取舍，组织优化，进而构成各自独立又相互联系、适应中学生的认知特点和身心发展需要、符合语文核心素养发展规律的教学内容。

一、广泛阅读，紧跟鲁迅研究学术前沿

近年来，随着鲁迅研究的迅速发展，鲁迅作品中的人文思想内涵和文学审美价值被深入开掘，"人间鲁迅"的本来面目也被逐渐还原。但是，由于教育界与学术界联系不够紧密，鲁迅研究的新成果并没有及时运用到实际教学之中，很多教师对鲁迅作品的解读依然存在滞后性。例如，不少"闭关自守"的教师在讲解主题思想时，仍然沿用 20 世纪中后期的政治化解读：《从百草园到三味书屋》这篇文章，通过两种不同生活的对比，强烈批判了封建教育对儿童健康成长的伤害；《孔乙己》一文揭露了封建科举制度对读书人的毒害；《祝福》这篇文章揭示了封建思想和封建礼教的吃人本质……这种解读，遮蔽了鲁迅作品原有的文化内涵和现实意义，使语文课堂也变得死气沉沉、毫无吸引力。所以，在教学鲁迅作品时，语文教师首先应该广泛阅读鲁迅作品（教材选文及其作品集）及其相关文章（亲朋好友所作，例如周海婴和周令飞所著的《鲁迅是谁》，许广平所写的《鲁迅回忆录》），打破以往对鲁迅作品传统僵化的解读，适当摒弃教参资料，先从自身出发去阅读鲁迅的作品，深入感受鲁迅作品所蕴含的丰富内涵，建立起对鲁迅全面立体的认知以及对鲁迅精神思想的多样理解。如果教师没有广泛且细致地阅读鲁迅

的作品，就会轻易被教参中所呈现的所谓"标准答案"给左右，忽略鲁迅的多面性。另外，教师也应当及时关注鲁迅研究的学术前沿，经常阅读与鲁迅及鲁迅作品相关的研究性著作，比如《钱理群中学讲鲁迅》《鲁迅作品十五讲》以及《语文教学门外谈》等。教师通过阅读这些相关的研究著作，一方面可以不断丰富自己对鲁迅作品的认知，深入挖掘文本内涵的深度及广度，重塑鲁迅作品的时代性和人文性，另一方面还可以及时更新和改变教学观念，将学术界的研究成果内化成个人的知识并将其中适合中学生学习的新观念和新思想融入到自己的教学实践当中，从而不断提升自身的教学水平与课堂教学成效。

为了加强教育界与学术界的有效沟通，笔者认为可以从以下几个方面着手：其一，定期召开鲁迅作品教学研讨会，邀请学术界的鲁迅研究学者为中学一线语文教师介绍最新的研究动态；其二，组织专家学者依据鲁迅最新的研究成果，及时更新中学语文教辅用书；其三，加强中学鲁迅教学的资源共享，完善新媒体学术交流平台的建设。

二、深入研读，挖掘"投枪匕首"思想内涵

鲁迅对自己的定位是"拿笔充当人民的代言人"，"警醒沉睡的民族灵魂"，"促进民族的自我反省与批判"。鲁迅的作品，向来以思想深刻、文笔犀利著称，被人评价为"投枪匕首"。鲁迅作品中蕴含着丰富的思想价值，其展现出的深刻的爱国主义精神、奋发的民族精神与积极的人生态度影响着旧中国的一代又一代的人，虽然时间久远，但是这些精神的内涵是永远值得我们继承的。所以要想

读懂鲁迅，必须深入挖掘文本内涵的深度及广度，展现出鲁迅先生"横眉冷对、投枪匕首"后面深沉的爱与责任感，发挥出鲁迅作品的人文精神对学生的深刻影响。

在教学《孔乙己》一文时，许多教师将这篇文章看作是批判封建科举制度的战斗檄文，将孔乙己的悲剧命运归咎于科举制度对读书人的毒害。但是，纵观历史，科举制也有其不可磨灭的贡献，为统治者选拔出了大批引领时代方向的人，促进了当时社会经济和政治文化的发展。这种"非黑即白"的评价方式，是有悖于学生在历史课上对科举制度的辩证认识的，也不利于学生辩证思维的开发和提升。可见，这种解读是不全面的，忽视了对文中"我"、酒客和掌柜所扮演的"看客"角色的解读与批判。鲁迅自己也曾说过，这篇小说"旨在描写一般社会对于苦人的凉薄"。这样的教学很明显与鲁迅的本意有所偏差，同时也会对学生造成不利的影响。其实，造成孔乙己悲剧命运的原因不能全部归咎于科举制度的残害，还有他自身的性格弱点以及社会的冷漠。在讲授《孔乙己》这篇课文时，切勿让学生对文章的理解停留在表面，简单分析孔乙己如何不幸、如何悲惨的表层内容，或是将孔乙己看作"逗人乐"的喜剧人物，教师应该对学生浮于表面的阅读体验进行适时点拨，让学生透过文本看到鲁迅对不幸的人的深切关爱以及对旧社会人情冷漠的痛心，触摸鲁迅笔下"病态社会"中"沉默的民族灵魂"，感悟鲁迅"哀其不幸，怒其不争"的思想态度，从而避免人生观、世界观和价值观尚未发育成熟的中学生将这种"看客"心理继续蔓延到生活中。通过文中冷漠麻木的看客对孔乙己产生的巨大影响，让学生联系现实生活中的类似事件，并思考自己是否曾扮演过"看者或者被看者"，使学生明白树立主体意识和关爱他人的重要性。同时，还可以让学生结合文中旧社会读书人的两种截然不同的命运（科考成功的丁举人和科考失败的孔乙己），以及当今社会读书人可以有多种途径通过知识改变命运的进步，从而理解读书学习对于个人成长和社会发展的全新意义，珍惜时代赋予我们的良好机遇，努力学习科学文化知识。

三、多元解读，合理建构鲁迅作品文本意义

传统文本解读理论，或是以作者为中心，以写作背景以及作者的思想与人格、写作动机为依据，去追踪作者创作的原初意义，以此作为文本的终极意义；或是以文本为中心，分析文本语言文字本身的特点和个性，并在语体、语象、语义等各个层面上理解文本意义。这两种理论的实质是"一元解读"，这种解读方式使读者在阅读过程中失去了发表自己独到见解的权利，只能被动地接受。由于长期受到应试教育的左右和教参的影响，上述两种理论还在被语文教师广泛应用，这种偏机械化和功利化的文本解读方式，不仅使鲁迅作品失去了原本的文学韵味，还抹杀了学生的想象力和创造力，违背了语文教育的根本目的。因此，我们应该推崇第三种文本解读理论，即以读者为中心的解读理论，要尊重学生的阅读主体地位，引导学生对文本内容进行创造性的、多元化的解读。新课程标准指出："阅读是学生的个性化行为，不应以教师的分析来代替学生的阅读实践。应让学生在主动积极的思维和情感活动中，加深理解和体验，有所感悟和思考，受到情感熏陶，获得思想启迪，享受审美乐

趣。要珍视学生独特的感受、体验和理解。"课程标准中的教学建议也提出："注意作品的多义性和模糊性，鼓励学生积极地富有创意地构建文本意义"。

要注意的是，多元化的文本解读并不是天马行空无边无际的放羊式解读，我们要依据文章的大方向把握好文本解读的"度"，要从文本本身出发，联系作者的创作背景和创作思想做出合理性阅读。所以，引导学生对鲁迅作品进行适度的多元解读，这就对语文教师的自身素养提出了要求——教师拥有丰厚的文学底蕴，掌握扎实的文本解读方法，了解鲁迅的生平经历、写作背景和精神追求，才能更好地把握鲁迅作品的文学价值与思想内涵，更准确地引导学生从不同角度、用不同方式对文本进行赏析。在教学中，教师要恰当把握学生对鲁迅作品的前理解，尽量拉近学生与文本的距离，让学生走进作者所处的环境和时代中去，不盲目坚持前理解，对于文本的不同解读要怀有开放的态度。只有这样，语文课堂才能充满活力，才能不断激发学生的思维火花。

第二节　优选教学内容，还原真实鲁迅

一、注重学生的可接受性

鲁迅作为我国伟大的文学家、革命家、思想家，在众多师生眼中是一个高高在上的"神"，而不是一个可以接近和触摸的"人"。这就导致鲁迅作品远远伫立在学生的心门之外，让其望而却步，很难与学生的真实感情融为一体。所以，在中学语文鲁迅作品教学中，教师应当选取恰当的教学内容，将鲁迅从神坛上请下来，为学生还原一个真实的、有血有肉的鲁迅。钱理群教授说过："在我的课堂中，要让大多数同学认识到鲁迅是一个丰富立体的'人'，而不是他们过去了解的那个狭隘单一的'神'。"① 想要还原真实的鲁迅、感受鲁迅作品中的"真""善""美"，关键就在于突出鲁迅"人"的身份，注重鲁迅作品本身的人文性教学；切忌空谈抽象的思想和精神，这只会造成学生对鲁迅的隔阂与误解。在教学时，语文教师需要引导学生深入体会作品中的形象和情感，把鲁迅自身独特的生活经历和情感体验与文本中呈现的家国命运、人生百态结合起来，以追求学生与鲁迅情感上的共鸣和心灵上的相通。

由此可见，在教学鲁迅作品时教师应引导学生了解鲁迅的生活经历，体会鲁迅平凡真挚的情怀。鲁迅首先是个普通人，跟所有人一样经历过开心难忘的童年时期、外出求学的少年时期、迷茫困顿的青年时期，最终才成为弃医从文、用笔杆拯救国民于水火中的民族英雄，这些经历成就了鲁迅的伟大。而鲁迅也把自己人生不同阶段的各种经历、对社会的观察思考融入到自己的作品中。他的文章除了对"国民劣根性"的猛烈批判、对民族发展的冷静思考，也会展现出一个普通人动人的温情——对童年伙伴的牵肠挂肚，对老师的感恩崇敬，对亲人的关心爱护，对底层人民的悲悯同情……例如，在他的很多文章中都展示了自己的童年时光，《从百草园到三味书屋》中展示了鲁迅小时候在百草园玩耍和在三味书屋读书的经

---

① 　钱理群 . 钱理群中学讲鲁迅 [M]. 北京 : 生活·读书·新知三联书店出版社 ,2011:2.

历，从中我们可以看到，鲁迅小时候也和普通小孩子一样喜欢大自然、害怕故事里的妖魔鬼怪，他也会在课堂上做一些小动作、偷偷跑出去玩儿或是向老师提问一些奇奇怪怪的问题。学生如果能了解到这样的鲁迅，就自然会将自己的童年时期与鲁迅的童年时期联系在一起，觉得鲁迅与自己好像亲近了许多，从而更深入地体会到文章表达的情感和意蕴。再如教授《藤野先生》一文时，教师应为学生讲解鲁迅弃医从文的经历，将他的爱国事迹向学生交代清楚，这样不仅可以帮助学生了解真实的鲁迅，也能让学生学习鲁迅的那种不甘沉沦、坚韧顽强的品质。

另外，在教学鲁迅作品时，教师还应该带领学生走进鲁迅的时代，体会文章的思想。鲁迅的作品与他生活的时代是紧密相连的，作品中所蕴含的深刻思想既是他自己思想情感的表达，更是时代赋予的责任和使命。为此，引导学生了解鲁迅并读懂鲁迅，只着眼于人事是不够的，还要联系时代背景，这样才能使学生深入理解文章内容，更好地领悟文章的思想价值。例如，在《故乡》中鲁迅花了很多的笔墨来描写闰土，但是少年闰土和中年闰土却显然是两个样子——小时候的闰土"他见人很怕羞，只是不怕我，没有旁人的时候，便和我说话，于是不到半日，我们便熟识了"；二十年后的闰土"他站住了，脸上现出欢喜和凄凉的神情；动着嘴唇，却没有作声。他的态度终于恭敬起来了，分明的叫道：'老爷！……'"为此，教师可以利用少年闰土和中年闰土的强烈反差，成为吸引学生阅读和思考的切入点，引导学生探究闰土巨大反差的来源。后面鲁迅接着又在文中交代了原因："多子，饥荒，苛税，兵，匪，官，绅，都苦得他像一个木偶人了。"这便是对鲁迅那个时代旧社会底层人民的真实写照，学生只有在充分了解了那个时代的黑暗腐朽以后，才能对文章中的人物及其情感有更深的体会。

二、突出作品本身的文学性

根据笔者与语文教师的交流以及课堂观摩，笔者发现受应试教育指挥棒的影响，无论是年轻教师或是经验丰富的老教师，他们在讲授鲁迅作品时所选择的教学内容大部分都集中在对生字词的解释、段落的归纳释意、写作手法的表达效果、人物形象的性格分析以及文章主题的概括总结上。这些内容固然是学生学习鲁迅文章所需了解的，但教师在课堂上一味从应试性的角度出发，将这些所谓的考试得分点机械式地灌输给学生，并以学生对这些生硬死板的"知识点"的掌握程度来评价学生对鲁迅作品的学习情况，这无疑忽视了鲁迅作品作为文学性文本本身所具有的语言文字美、情感思想美，忽视了学生阅读文本时的独特感受与体会。这种教学方式只是让学生学到了一些思想说教和应试技巧，而鲁迅作品的语言特色、写作技巧等具有文学性、审美性的部分，教师并没有讲解清楚，其实这些正是鲁迅作品的经典性所在。只有至情至性的文学性教学，才能让那个被神化的鲁迅回归生活，走进学生心中；只有让学生摆脱功利化的学习思维，才能让他们全身心地沉浸到鲁迅的文学世界中，尽情遨游。

鲁迅作品的语言表达与其承载的思想文化相匹配，是生动直观、富于强烈视听感染力和积聚内在生命震撼力的语言，是对特定时代人们生存状态特征的深刻鲜活的表达。鲁迅作品阅读教学，首先需要引导学生诵读、赏析、品味其极具美感和文学味的语言。比如《故乡》一文中，寥寥数笔就可以创造出极大的空间画面感："深蓝"的天空，"金黄"的圆月，"碧绿"的瓜地，还有项带"银圈"的少年在西瓜地里手捏钢叉尽力向一匹猹刺去……看似简单的话语所带来的视觉冲击及语言刺激是强烈的，让人读罢有身临其境之感。再比如《社戏》中"月夜行船"这段文字："两岸的豆麦和河底的水草所发散出来的清香，夹杂在水气中扑面的吹来；月色便朦胧在这水气里。淡黑的起伏的连山，仿佛是踊跃的铁的兽脊似的，都远远的向船尾跑去了……"这是一处非常出彩的环境描写，在写作手法上综合运用了嗅觉、触觉、视觉、听觉描写，从气味、色彩、声音、心理变化等多方面细致描绘了行船路上的所见所闻，中间还有"兽脊"这样贴切又新奇的比喻。教师在教学这里时，应该先通过声情并茂的朗读把学生带入江南水乡，带到那个令人激动的夏夜，然后通过"品读结合"的方式，引导学生涵泳品味鲁迅作品中高超的语言艺术。学生不仅能够透过字里行间所流露出的喜悦之情感受到鲁迅的乡土精神世界，同时能深刻感悟到汉语的魅力，对学生的阅读和写作能力的提升大有裨益。

鲁迅作为文学大师，其作品从语言锤炼到谋篇布局，从人物塑造到环境渲染，都是学生进行写作教学的珍贵素材。比如训练学生进行景物描写时，可以把《从百草园到三味书屋》的经典写景片段作为学习蓝本，让其不断揣摩研究写法："不必说碧绿的菜畦，光滑的石井栏，高大的皂荚树，紫红的桑椹；也不必说鸣蝉在树叶里长吟，肥胖的黄蜂伏在菜花上，轻捷的叫天子（云雀）忽然从草间直窜上云霄里去了。单是周围短短的泥墙根一带，就有无限趣味。……"这段文字采用白描手法，文字简洁凝练却又富有画面感、层次感，将植物描写得色彩斑斓，将动物描写得灵动可爱，有形有味，有声有色，有动有静，有高有低，有整体有局部，整幅画面生机勃勃。教师可以让学生对这段文字进行圈点勾画，思考鲁迅是如何观察和描写景物的，要求学生课下自己观察校园中或生活中的某处景物，试着用"不必说……不必说……单是……就……"这样的句式进行仿写练习。这样的训练方式，不仅可以让学生进一步感受鲁迅写景语言的层次性和丰富性，还可以教会学生从整体到局部观察景物、描写景物的能力。鲁迅对人物形象的刻画也是出神入化，为现代文学人物画廊中留下了许许多多鲜活生动的经典人物。例如《故乡》一文中对杨二嫂的外貌描写："一个凸颧骨，薄嘴唇，五十岁上下的女人站在我面前，两手搭在髀间，没有系裙，张着两脚，正像一个画图仪器里细脚伶仃的圆规。"这是一处精彩的人物特写，"圆规"的比喻新奇又贴切，将尖酸刻薄的人物形象跃然纸上。在人物描写习作课上，教师就可以把鲁迅作品中的孔乙己、祥林嫂、长妈妈、闰土等人物描写段落汇编到一起，引导学生学习鲁迅观察人物的视角，学会用言简意赅的白描、生动形象的短语、精准贴切的比喻、细致入微的特写来刻画人物形象。学习方法后，要学以致用，让学生选择身边的人进行写作练习，看看谁笔下的人物更惟妙惟肖，得鲁迅先生的真传。

第三节 改进教学方法，从"走近"到"走进"鲁迅

一、创设情境法，直观感受鲁迅

由于学生与鲁迅先生所处的时代不同，加上传统课堂教学模式的弊端，学生很难与鲁迅先生及其作品产生共鸣，从而对鲁迅作品缺乏较为准确的认知与理解。那么教师可以在教学中适时适度地创设具体可感的、与作品内容相吻合的情境，增强学生学习鲁迅作品的环境氛围，使学生能够"设身处地"地"走进"鲁迅。学生在这种直观可感的情境驱动之下，不仅可以激发学生学习鲁迅作品的热情和兴趣，同时也为学生理解鲁迅作品提供了有力的铺垫。

例如《从百草园到三味书屋》中描写寿镜吾老师读书的这段文字十分有趣传神，并且有画面感："我疑心这是极好的文章，因为读到这里，他总是微笑起来，而且将头仰起，摇着，向后面拗过去，拗过去。"读在这里，教师可以引导学生结合"微笑、仰起、摇着、拗过去"这几个动词来模仿寿镜吾老师读书入迷时的样子，让学生体会寿镜吾先生的陶醉式读书法，同时可以对比自己有感情诵读文章时的模样。通过此情境的创设，学生不仅能感受到鲁迅在儿童视角下对寿镜吾老师细致有趣的观察，也可以领悟到鲁迅写文章用词的精妙。由此可见，合适的教学情境的创设实际上更加关注学生的心理过程，在加深学生对文本的理解的同时，又进一步拉近了学生与鲁迅之间的距离。再比如，讲授《孔乙己》这篇课文时，可以让

学生根据文本内容加上学生丰富的想象来编排情景短剧，虽不能完全再现当时的画面，但也会帮助学生更深刻理解课文内容，在表演完毕后可以让同学们根据表演者对话的语气、语态、细节等进行评价。例如这一段："大约是中秋前的两三天，掌柜正在慢慢的结账，取下粉板，忽然说，'孔乙己长久没有来了。还欠十九个钱呢！'我才也觉得他的确长久没有来了。一个喝酒的人说道，'他怎么会来？……他打折了腿了。'掌柜说，'哦！''他总仍旧是偷。这一回，是自己发昏，竟偷到丁举人家里去了。他家的东西，偷得的么？''后来怎么样？''怎么样？先写服辩，后来是打，打了大半夜，再打折了腿。''后来呢？''后来打折了腿了。''打折了怎样呢？''怎样？……谁晓得？许是死了。'"掌柜也不再问，仍然慢慢的算他的账。"教师可以提示学生多关注细节之处来增加感染力，比如掌柜很好奇孔乙己后来怎么样了，一直在追问，所以说话会快一些，但他并不是担心孔乙己的安危，只是惦记自己的钱，也是在茶余饭后多一些无聊的谈资罢了。学生通过情境扮演的方式实际上也是一次再创造，在此过程中对文中人物神态、动作、语言的揣摩实现了角色的转换，使学生切身感受到那个社会的冷漠，而且能有效激发学生的合作探究精神和再创造精神。

二、比较阅读法，全面认识鲁迅

著名教育家乌申斯基说过："所有理想和思维的基础是比较，只有通过比较才能了解我们生活的世界。"在语文教学中，"比较"是发展学生思维品质的一种行之有效的方法，也同样适用于鲁迅作品的教学实践。一方面，鲁迅作品的思想深邃复杂、文笔犀利独特、语言艰深晦涩，中学生理解起来较其他作品而言确实存在一定的难度；另一方面，鲁迅作品中的主题大多彼此暗合，相互关联，这又为比较阅读教学提供了可行的条件。所以，语文教师在教学中可以灵活运用比较阅读法开展群文阅读教学，包括鲁迅相同主题作品的比较、鲁迅不同时期作品的比较等，帮助学生在对比整合中把握鲁迅作品的特点，提高学生的文本解读能力和审美鉴赏水平。

例如，通过比较阅读《社戏》《故乡》《从百草园到三味书屋》三篇文章里童年时期的景物描写，可以使学生真切感受到鲁迅对自由生活、淳朴乡村的热爱与赞美；通过对孔乙己与闰土二人人物性格及人生经历的比较阅读，可以使学生进一步思考造成小人物悲惨命运的社会根源与人性弱点，从而体会鲁迅"哀其不幸怒其不争"的心痛；通过对鲁迅不同作品里面"反语"手法的联读，比如《藤野先生》里形容清国留学生的"标志极了"、《拿来主义》里面讽刺"送去主义"的"活人替代古董，也可以算得显出一点进步了"等，能够使学生深层次领略鲁迅作品幽默风趣又不失犀利深刻的语言魅力。再例如，部编版高中语文教材选择性必修中将鲁迅的两篇写人记事为主的纪念性散文《记念刘和珍君》《为了忘却的记念》置于同一课，可以运用对比阅读法来学习——这两篇文章主题相近、情感相通，语言风格却有着显著的差异：《记念刘和珍君》的语言表达讲究辞采，用"毅然""黯然""欣然""奋然"等词语直接准确地抒发对刘和珍君的赞美，在情感抒发上激烈澎湃、汪洋恣肆，如"真的猛士，敢于直面淋漓的鲜血，敢于直面惨淡的人生"，情感浓烈直露，字字血泪；而《为了忘却的记念》的语言质朴无华，使用了不少间接隐晦的笔法，如"那一本书，又被没收，落在'三道头'之类的手里了"，在情感抒发上内敛朴实、含蓄深沉，如"天气愈冷了，我不知道柔石在那里有被褥不？我们是有的。洋铁碗可曾收到了没有？"字里行间蕴含着对柔石的牵挂、惦念之情。

三、对话教学法，深入理解鲁迅

巴西教育家保罗·弗莱雷认为"教育具有对话性"，应以对话教育取代灌输教育，教师不应只是简单地进行知识的传输，更应该是进行问题的提问，并且对话应建立在平等、爱、谦恭的基础上，是一种真实、合作、积极的交流方式。"阅读教学是学生与文本、编者、教师对话的过程，应引导学生在深入钻研文本、积极进行语言文字运用的过程中，深化对作品思想情感的体验与感悟，从而使学生体会审美乐趣、获得情感熏陶、收获思想启迪。"[①]鲁迅作品中的启蒙色彩，决定了其教学适合采用启发性较强的对话教学法。

钱理群教授说过："教学鲁迅作品的关键点是引导学生主动地阅读鲁迅的作品，努力实现与鲁迅的心灵对话与情感交流，教师在其中只是一座桥梁，只要学生通过阅读有了自己对鲁迅的独特认识与感悟、理解与评价，我们的任务就完成了。"[②]钱理群教授在这里是指，教师在教授对中学生理解起来有一定难度的鲁迅作品时，必须打破传统的"教师讲，学生听"的教学方式，把课堂的主体地位交还给学生，与学生一同进行文本思想主题的思考与探索，而不是盖

---

① 中华人民共和国教育部制定.义务教育语文课程标准 [M].北京：人民教育出版社,2022.

② 钱理群.语文教育门外谈 [M].广西：广西师范大学出版社,2003.7.

棺定论地评判这个作品。教师可以通过课堂讨论、小组合作、探究性学习等方式拉近学生与文本、与作者的距离，尊重并发展学生的独特阅读体验与审美感受。例如，肖培东老师在教学《孔乙己》一文时，就采用了对话教学法：你们最"记得"孔乙己的什么？小说中的其他人最能"记住"孔乙己的又是什么？这些人真的是"记住"孔乙己了吗？这三个既与文本息息相关，又具有思维发散性的主问题，不仅调动起学生细读文本的兴趣，而且能够使学生在与文本对话的过程中形成自己独特的感悟和思考。肖培东老师建立了平等、民主的课堂氛围，在教学中尊重学生的对话主体地位，引导学生自由地与文本对话、与教师对话、与同学对话，学生这种畅所欲言的个性化阅读感悟得到了尊重与理解，并且在老师的适当引导下步步递进，让学生在不知不觉中走进《孔乙己》，自然而然地读懂作品、读懂鲁迅。

四、联系生活法，拉近与鲁迅的距离

中学生认为鲁迅的作品太深奥、不容易理解，很大一部分原因是时代的原因，对他们来说鲁迅生活的时代太过久远，彼此的经历又大相径庭。这就需要语文教师选择恰当的教学方法，在现代中学生与鲁迅作品之间架起沟通共鸣的桥梁。其中一种很有效的方式就是寻找鲁迅与学生之间的契合点，引导学生联系自身的生活经历，从文本世界转向现实世界，从而使学生感同身受地领悟作品的深刻思想。

例如，在教学《祝福》这篇文章时，如果一味地向学生讲授祥林嫂是如何受到政权、族权、神权、夫权的四重压迫，又是如何成为了封建专制和封建礼教的牺牲品，这会让学生觉得祥林嫂虽然悲惨，但与他们如今的生活毫不相干，很难引发学生的深度思考，达到动情动容。那么怎样教学才能引起学生对祥林嫂的共鸣呢？——联系生活。教师可以问学生"在你生活的社会中，有没有人重演祥林嫂的悲剧呢？""你周围有柳妈这样的人吗？"这类问题，学生此时会结合平时关注的新闻事件或是身边发生的真实故事，来反思当今的社会现象与文本中传递的主题思想的关系，思考《祝福》一文对当代女性的现实意义。再例如，《故乡》中成年闰土见到"我"，恭敬地叫了声"老爷"，这里可以让学生联系自身思考这样一个问题：如果你的某位同学20年后成了某厅的厅长，你见到他会像小时候那样直接叫他的名字，还是会称呼他"厅长"？这时，你会不会也像文中的鲁迅与闰土一样感觉中间隔了一层无法逾越的厚障壁？这种联系实际生活的启发方式，可以让学生产生丰富的阅读联想与生活感受，进而拉近与鲁迅之间的距离。再如《孔乙己》中的"笑料"孔乙己，他被众人记住的就只是掌柜黑板上写的"欠的十九文钱"和"偷书被打的伤疤"，"可是没有他，别人也便这么过"，孔乙己的有无都是无所谓的，他根本就不是一个被人深深记住并关怀的人。他的存在，最多是给这单调无聊的世界一点笑料。他被所有的人，包括和他一样的底层的人所践踏嘲笑，被人屈辱地记着，被人残酷地忘记，最终只能在"看客"们的笑声中一步步走向死亡。回望当下现实生活，"看客"依然存在，幸灾乐祸者、冷眼旁观者大有人在：自扫门前雪的"独善其身"，全民都扶不起的"碰瓷老爷爷"，铺天盖地的网络舆论暴力……雪崩之时，没有任何一片雪花是清白的。鲁迅也曾说过：无穷的远方，无数的人们，都与我有关。文学作品源于生活，又高于生活。走进鲁迅作品，能体会文中人物的生命脉搏和特殊情感；走出作品，能反观自己生活本身，以冷静客观的心灵感悟世上的人情百态，这对中学生来说，具有极大的现实教育意义。

五、研学活动法，增强对鲁迅的兴趣

众所周知，鲁迅生活在一个社会动荡、政治黑暗、人民水深火热的时代，而今天中学生处于一个自由和谐的社会，由于时代差距过大，又缺乏对鲁迅作品相应历史文化、社会背景的了解，中学生自然很难做到设身处地地理解鲁迅在动荡时代发出的呐喊与呐喊之后的彷徨，所以难免会疏远、逃避鲁迅。在这种情况下，教师可以采用研学活动法，边学习边调研，开创鲁迅作品综合性学习的"第二课堂"，从而激发学生对鲁迅的探知欲和阅读其作品的兴趣，减少或消除学生对鲁迅作品的时代隔膜，使其主动地走近鲁迅、感悟鲁迅。

教师可以在节假日组织学生参观鲁迅故居、鲁迅纪念馆、鲁迅公园，甚至可以去到鲁迅的故乡绍兴，逛逛百草园，看看三味书屋……在鲁迅生活过的地方睹物思人，寻找鲁迅的足迹，让学生们走出课堂，在广阔的生活天地中再一次与鲁迅相遇。这种研学活动，使学生既可以全面了解鲁迅生活过的地方和经历的事物，真切感受鲁迅作为伟人不平凡的一面及作为普通人平凡的一面，又可以近距离、具体可感地接触在鲁迅作品中出现的文学形象，如"乌毡帽""茴香豆"等，从而提高学生的学习兴趣和文本理解力。上海市金沙中学曾举办过一次"走进鲁迅，纪念鲁迅"的研学活动，这场活动成为了鲁迅综合性学习活动的借鉴范本。鲁迅 1927 年 9 月到上海，1936 年 10 月在上海去世，在上海生活了 9 年多，留下的痕迹依然清晰。在上海四川北路底和山阴路、东江湾路一带，是鲁迅先生居住和生活过的地方，如今虹口公园内因有鲁迅墓和鲁迅纪念馆而改名"鲁迅公园"。走近鲁迅、了解鲁迅，这对在上海读书的学生有着便利的资源和天然的优势。虽然完全参考起来有困难，但是每个学校可以因校制宜，指导学生开展其他丰富多彩的课外综合性学习活动：例如，充分利用多媒体，组织学生观看电影《鲁迅传》、央视《先生鲁迅》《百年巨匠鲁迅》、纪念光盘《民族魂——鲁迅》等优质影像资源，这可以让学生在阅读文本的基础上进一步塑造立体鲜活的鲁迅形象，激发学生学习兴趣，满足学生阅读期待。

教师还可以给学生推荐课外阅读篇目，比如根据文本互涉性，推荐与教材中鲁迅作品相关的作品集，例如《朝花夕拾》《呐喊》《彷徨》等，带领学生进行拓展延伸阅读。学生也可以根据兴趣爱好自主选择作品，撰写读书心得，通过开展鲁迅主题研讨会、创办鲁迅论坛、设立鲁迅宣传栏等活动形式，师生相互分享和讨论。在活动过程中，学生通过收集资料、整理资料、分享展示、辩论演讲等途径，不仅可以拓宽知识面，提高听、说、读、写、思等方面的语文核心能力，还可以在交流分享中认识有血有肉、丰富有趣的鲁迅。这种丰富多彩的语文实践活动，使学生不再"惧怕"鲁迅、片面单一地解读鲁迅，而是主动去关心鲁迅的一切，更深入地领会鲁迅的人格魅力和精神品质。

后　记

　　鲁迅，作为中国现代文学史和语文教育界瑰宝级的人物，其作品的传世地位和不朽价值也无形之中给中学语文教学带来了不可避免的压力。很多教师面对"鲁迅"无所适从、困惑不已，不知道"教什么""怎么教"才能发挥出鲁迅作品对于全面提高中学生语文素养的现实意义；不少学生面对"鲁迅"，更是疏远逃避，认为他的作品"繁、难、偏、旧"，不愿意主动地"走近他"。随着新课程改革的大力推进，人教版语文教材对鲁迅编选篇目的调整已经引起轩然大波，若当下语文教师的教学价值取向仍不明确，中学语文鲁迅作品教学将面临更大的困境。

　　所以，本研究从教学价值取向的维度，研究鲁迅作品教学的历史变化、现实困惑与发展方向，旨在结合纵向的时代对比与横向的课例分析，对中学语文鲁迅作品教学价值取向进行系统重塑并提出可行性建议。"路漫漫其修远兮，吾将上下而求索"，虽然鲁迅作品教学改革之路依然曲折，但希望本研究能够为语文教育工作者提供一定的启发和帮助，并带动更多的人一同探索鲁迅作品教学的真谛，从而使"鲁迅"在教育教学领域焕发出应有的光彩，让每一位学生都能够真正地走进鲁迅、读懂鲁迅。

　　鉴于笔者阅历有限、缺乏教学实践经验，可能此研究略显肤浅，希望能在今后的学习工作中进一步深入探索，为中学语文鲁迅作品教学领域贡献自己的绵薄之力！

参考文献

●期刊论文类

[1] 郭家海. 语文核心素养及其落实 [J]. 中学语文, 2016(1).

[2] 熊建峰. 语文教育要指向核心素养 [J]. 语文知识, 2016. 5.

[3] 许云腾. 谈谈语文核心素养下的阅读教学 [J]. 新课程: 中学, 2016(9).

[4] 孙双金. 试探语文核心素养及其培养 [J]. 七彩语文, 2016(8).

[5] 王汉澜, 马平. 浅谈教育的价值 [J]. 华东师范大学学报: 教育科学版, 1991(1).

[6] 陈梦稀. 教学价值辨析 [J]. 湘潭大学学报: 哲学社会科学版, 2004(4).

[7] 钱理群. 中学语文鲁迅作品的教学 [J]. 教育研究与评论, 2012(1).

[8] 钱理群. 部分当代青年眼里的鲁迅 [J]. 鲁迅研究月刊, 1988(8).

[9] 王富仁. 如何看待语文课本中的鲁迅作品 [J]. 语文教学与研究, 2002, 9.

[10] 王富仁. 最是鲁迅应该读——关于中学鲁迅作品教学的几点思考 [J], 中国教育报, 2001, 10.

[11] 薄景昕. 鲁迅作品教学的困境、对策及出路 [J]. 中学语文教学, 2008(9).

[12] 薄景昕. 论新世纪的中学鲁迅教育及其价值取向 [J]. 鲁迅研究月刊, 2014(3).

[13] 汪明霞. 鲁迅作品教学的三个基本向度及其现实性价值 [J]. 现代教育科学, 2011(1).

[14] 吕周聚. 鲁迅文学经典的普适性与当代性 [J]. 理论学刊, 2011(11).

[15] 陈月华. 鲁迅作品教学价值取向的重新定位 [J]. 中学月刊, 2007(12).

[16] 刘璐. 文学价值·时代精神·教育理念——考量语文课本中"鲁迅

作品"的入选标准 [J]. 三峡大学学报 , 2014(2).

[17] 李卫东 . 重估鲁迅作品的教学价值 [J]. 中学语文教学 , 2005(5).

[18] 胡小敏 . 文学教学取向的变迁与启示——以鲁迅作品为个案的研究 [J]. 浙江大学学报 , 2004(3).

[19] 管然荣 . 鲁迅教育价值再思考 [J]. 语文建设 , 2013(31).

[20] 邓存娟 . 中学语文教科书中鲁迅作品的教育价值 [J]. 现代语文 , 2016(4).

[21] 彭定安 . 鲁迅的经典意义与当代价值 [J]. 辽宁大学学报 , 2014(42).

[22] 魏颖 . 鲁迅作品在当代语文教育中的价值 [J]. 教育观查 , 2014(3).

[23] 刘祥 . 阅读教学的价值诉求——赏析熊芳芳老师的《拿来主义》一课 [J]. 教育研究与评论 , 2015(2).

[24] 鲁迅 . 文化偏至论 [J]. 河南 : 河南出版社 , 1908(7).

[25] 王铁仙 . 我们还要鲁迅 [J]. 广东第二师范学院学报 , 2001(3).

[26] 董奇峰 , 苗杰 . 中学语文教材（1950-1977）中鲁迅作品的选录和解读 [J]. 中国现代文学研究丛刊 , 2002(1).

[27] 陈小英 . 关于鲁迅作品教学定位的思考 [J]. 语文学习 , 2013, 10.

[28] 汤寒锋 . 人教社否认鲁迅作品将被剔出语文教材 [J]. 重庆晚报 , 2009(8).

[29] 孙伏园 . 关于鲁迅先生 [J]. 京报副刊 , 1924(1).

[30] 王德领 . 走进人间的鲁迅——从《一个人的呐喊》看鲁迅传记的写作 [J]. 博览群书 , 2010(11).

[31] 纪国秀 . 由"鲁迅大撤退"说开去 [J]. 大众文艺 , 2010(23).

[32] 方璐 . 基于核心素养的高中语文评价初探 [J]. 湖南教育 , 2016(6).

[33] 王栋生 . 正确认识鲁迅作品的语文教育价值 [J]. 语文建设 , 2008(10).

[34] 王旭 . 中学语文教材中鲁迅作品的当代价值 [J]. 湖南教育（语文教师）, 2007(6).

[35] 朱则光 .《藤野先生》教学设计 [J]. 中学语文教学 , 2011(1).

[36] 高冉 .《藤野先生》教学实录 [J]. 语文教学通讯 , 2013(7).

[37] 郑美玲 .《藤野先生》教学实录 [J]. 语文教学通讯 , 2009(7).

[38] 饶美红 .《孔乙己》课堂教学实录及点评 [J]. 语文建设 , 2012. 1.

[39] 肖培东 . 残喘在"忘"与"记"之间的苦——我教《孔乙己》[J]. 中学语文建设 , 2016(1).

[40] 闫敬霞 .《拿来主义》课例鉴赏 [J]. 语文教学通讯 , 2014. 7.

[41] 熊芳芳 .《拿来主义》教学实录 [J]. 中学语文教学 , 2014. 5.

[42] 刘卫平 .《拿来主义》课例鉴赏 [J]. 语文教学通讯 , 2016. 7.

[43] 郝玲君 .《拿来主义》课例 [J]. 教育实践与研究 , 2020. 9.

● 论著类

[1] 鲁迅 . 鲁迅全集 [M]. 北京 : 人民文学出版社 , 1996.

[2] 钱理群 . 钱理群中学讲鲁迅 [M]. 北京 : 生活·读书·新知三联书店出版社 , 2011.

[3] 钱理群 . 语文教育门外谈 [M]. 广西 : 广西师大出版社 , 2003.

[4] 钱理群 . 走进当代的鲁迅 [M]. 北京 : 北京大学出版社 , 1999.

[5] 钱理群 . 中学语文教材中的鲁迅 [M]. 桂林 : 漓江出版社 , 2014.

[6] 王富仁 . 中国文化的守夜人 [M]. 北京 : 人民文学出版社 , 2002.

[7] 王吉鹏 . 中学语文中的鲁迅 [M]. 长春 : 吉林人民出版社 , 2000.

[8] 茅盾 . 茅盾论创作 [M]. 上海 : 上海文艺出版社 , 1980.

[9] 子通 . 鲁迅评说八十年 [M]. 北京 : 中国华侨出版社 , 2005.

[10] 山东大学中文系 . 鲁迅作品选讲 [M]. 1972.

[11] 温如敏 . 温如敏论语文教育 [M]. 北京 : 北京大学出版社 , 2010.

[12] 尚凤祥 . 现代教学价值体系论 [M]. 北京 : 教育科学出版社 , 1996.

[13] 余映潮 . 阅读教学艺术 50 讲 [M]. 陕西 : 陕西师范大学出版社 , 2005.

[14] 中华人民共和国教育部制定 . 义务教育语文课程标准 [M]. 北京 : 人民教育出版社 , 2022.

[15] 中华人民共和国教育部制定 . 普通高中语文课程标准 [M]. 北京 : 人民教育出版社 , 2017.

[16] 部编版八年级上册语文教师教学用书（2020 年）[M]. 北京 : 人民教育出版社 , 2020.

[17] 部编版九年级下册语文教师教学用书（2020 年）[M]. 北京：人民教育出版社, 2020.

[18] 部编版高中语文必修上册教师教学用书（2020 年）[M]. 北京：人民教育出版社, 2020.

[19] 马丁·布伯著, 张健, 韦海英译. 人与人 [M]. 北京：作家出版社, 1992.

●学位论文类

[1] 屈绯莉. 论中学语文鲁迅作品教学现代性的缺失与补救 [D]. 东北师范大学, 2009.

[2] 丁丽. 中学语文教材中鲁迅作品的编选及其教学问题研究 [D]. 扬州大学, 2011.

[3] 王万辉. 中学语文教材上的鲁迅作品教学研究 [D]. 重庆师范大学, 2012.

[4] 戴晓斐. 试论中学语文课本中鲁迅作品的接收问题 [D]. 湖南师范大学, 2014.

[5] 吴菁. 走"近"鲁迅, 才能走"进"鲁迅——初中语文鲁迅作品教学策略初探 [D]. 华东师范大学, 2010.

[6] 孙乐. 鲁迅作品在中学语文教材中的增减研究 [D]. 闽南师范大学, 2015.

[7] 苗青华. 中学语文教材中鲁迅作品教学的问题与对策 [D]. 云南师范大学, 2007.

[8] 王红. 初中语文教材中鲁迅作品阅读教学研究 [D]. 华东师范大学, 2008.

[9] 杨晓帆. 中学语文课中鲁迅作品教学的回顾与反思 [D]. 湖南师范大学, 2006.

[10] 王慧宁. 中学语文鲁迅作品阅读教学研究 [D]. 哈尔滨师范大学, 2015.

[11] 袁博雯. 中学语文中的鲁迅——从教材选编及教学角度在探讨 [D]. 辽宁师范大学, 2013.

[12] 王秦玥. 中学语文教材鲁迅作品编选与教学研究 [D]. 延安大学，2020.

●网络资源类

[1] 李勇. 删减鲁迅文章没什么大惊小怪 [Z]. http: //book. ifeng. com/ culture, 2010. 9.

[2] 特级教师｜余映潮：《藤野先生》教学实录 [Z]. https: //baijiahao. baidu. com/s?id=1600525204987483411, 2018. 5.

[3] 黄厚江孔乙己教学实录 [Z]. https: //www. docin. com/p-921393415. html, 2014. 9.

[4] 走进余映潮 6《孔乙己》课堂实录 [Z]. https: //wenku. so. com/d/0623 a1114d33e5e665da842d779e62dc, 2019. 9.